Anti-Enflamatuvar Mutfağı 2023

Vücudunuzu Şifa İle Besleyin

Aylin Öztürk

İçerik

Köfte taco kaseleri için malzemeler: 16
Talimatlar: 17
Somonlu avokado pesto Porsiyon: 4 19
İçindekiler: 19
Talimatlar: 19
Zerdeçal ile tatlandırılmış tatlı patates, elma ve tavuklu soğan 21
İçindekiler: 21
Baharatlı fırında somon bifteği Porsiyonlar: 4 23
İçindekiler: 23
Talimatlar: 23
Tofu ve İtalyan çeşnili yaz sebzeleri Porsiyon: 4 25
İçindekiler: 25
Talimatlar: 25
Çilek ve keçi peynirli salata için malzemeler: 27
Talimatlar: 27
Karnabahar ve zerdeçallı morina yahnisi Porsiyon: 4 29
İçindekiler: 29
Talimatlar: 30
Cevizli kuşkonmazlı lokum Porsiyon: 4 31
İçindekiler: 31
Talimatlar: 31
Alfredo Kabak Makarna için Malzemeler: 32
Talimatlar: 32
Kinoalı hindi tavuğu için malzemeler: 34

Talimatlar: 35

Sarımsaklı ve kabaklı erişte Porsiyonlar: 4 37

İçindekiler: 37

Talimatlar: 38

Barbunya ve acı salsa ile buğulanmış alabalık Porsiyonlar: 1 39

İçindekiler: 39

Talimatlar: 40

Tatlı patates ve hindi çorbası Porsiyon: 4 41

İçindekiler: 41

Talimatlar: 42

Miso fırında somon Porsiyon: 2 43

İçindekiler: 43

Talimatlar: 43

Basit haşlanmış kabarık fileto Porsiyon: 6 45

İçindekiler: 45

Talimatlar: 45

Domuz karnita Porsiyon: 10 46

İçindekiler: 46

Talimatlar: 47

sebzeli beyaz balık çorbası 48

Porsiyon: 6 ila 8 48

İçindekiler: 48

Talimatlar: 48

Limonlu midye Porsiyon: 4 50

İçindekiler: 50

Talimatlar: 50

Kireç ve acı somon Porsiyon: 2 51

İçindekiler: 51

Talimatlar: 51

Peynirli Ton Balıklı Makarna Porsiyonu: 3-4 52

İçindekiler: 52

Talimatlar: 52

Hindistan cevizi kabuklu balık şeritleri Porsiyon: 4 54

İçindekiler: 54

Talimatlar: 55

Meksika balıklarının porsiyonları: 2 56

İçindekiler: 56

Talimatlar: 56

Salatalık salsalı alabalık Porsiyon: 4 58

İçindekiler: 58

Karides Porsiyonlu Limonlu Zoodles: 4 60

İçindekiler: 60

Talimatlar: 61

Çıtır karides porsiyonları: 4 62

İçindekiler: 62

Talimatlar: 62

Kavrulmuş levrek porsiyonları: 2 63

İçindekiler: 63

Talimatlar: 63

Somonlu Kek Porsiyon: 4 64

İçindekiler: 64

Talimatlar: 64

Baharatlı morina porsiyonu: 4 65

İçindekiler: 65

Talimatlar: 65

Füme alabalık ezmesi Porsiyon: 2 66

İçindekiler:... 66

Talimatlar: 66

Ton balığı ve soğan porsiyonları: 4 68

İçindekiler:... 68

Talimatlar: 68

Limonlu ve biberli karides porsiyonları: 2 69

İçindekiler:... 69

Talimatlar: 69

Sıcak ton balıklı biftek Porsiyon: 6 70

İçindekiler:... 70

Talimatlar: 70

Cajun somon porsiyonu: 2 72

İçindekiler:... 72

Talimatlar: 72

Sebzeli Quinoa Somon Kase 73

porsiyonlar: 4 73

İçindekiler:... 73

Ezilmiş balık porsiyonları: 4 75

İçindekiler:... 75

Talimatlar: 75

Sade somon burger Porsiyon: 4 76

İçindekiler:... 76

Talimatlar: 77

Patlamış mısır karidesinin porsiyonları: 4 78

İçindekiler:... 78

Talimatlar: 79
Baharatlı fırında balık Porsiyon: 5 80
İçindekiler: 80
Talimatlar: 80
Ton balıklı kırmızı biber Porsiyon: 4 81
İçindekiler: 81
Talimatlar: 81
Balık köftesi Porsiyonlar: 2 82
İçindekiler: 82
Talimatlar: 82
Ballı fırında deniz tarağı Porsiyonlar: 4 83
İçindekiler: 83
Talimatlar: 83
Shiitake mantarlı morina filetosu Porsiyon: 4 85
İçindekiler: 85
Talimatlar: 85
Fırında levrek Porsiyon: 2 87
İçindekiler: 87
Talimatlar: 87
Fırında domatesli berlam balığı Porsiyon: 4-5 88
İçindekiler: 88
Talimatlar: 88
Pancarlı fırında çörek Porsiyon: 4 90
İçindekiler: 90
Doyurucu kurutulmuş ton balığı Porsiyon: 4 92
İçindekiler: 92
Talimatlar: 92

Kaffir limonlu limonlu somon Porsiyon: 8 94

İçindekiler: 94

Talimatlar: 94

Hardal soslu yumuşak somon Porsiyon: 2 96

İçindekiler: 96

Talimatlar: 96

Yengeç salatası Porsiyon: 4 98

İçindekiler: 98

Talimatlar: 98

Miso soslu fırında somon Porsiyon: 4 99

İçindekiler: 99

Talimatlar: 99

Otlarla kaplanmış ballı pişmiş morina Porsiyonlar: 2 101

İçindekiler: 101

Talimatlar: 101

Parmesan morina karışımı Porsiyon: 4 103

İçindekiler: 103

Talimatlar: 103

Sarımsaklı çıtır karides Porsiyon: 4 104

İçindekiler: 104

Talimatlar: 104

Kremalı levrek karışımı Porsiyon: 4 105

İçindekiler: 105

Talimatlar: 105

Salatalık Ahi Poke Porsiyon: 4 106

İçindekiler: 106

Minty Cod Karışımı Porsiyon: 4 108

İçindekiler: 108

Talimatlar: 108

Limon ve kremalı tilapia Porsiyon: 4 110

İçindekiler: 110

Talimatlar: 110

Balık takolarının porsiyonları: 4 112

İçindekiler: 112

Talimatlar: 113

Zencefilli levrek karışımı Porsiyon: 4 114

İçindekiler: 114

Talimatlar: 114

Hindistan cevizi karides Porsiyon: 4 115

İçindekiler: 115

Hindistan cevizi kabaklı domuz eti Porsiyon: 4 117

İçindekiler: 117

Talimatlar: 117

Cheddar ve bıçaklı sufle Porsiyon: 8 119

İçindekiler: 119

Talimatlar: 120

Vanilya ve badem sütü ile karabuğday krep Porsiyon: 1 121

İçindekiler: 121

Talimatlar: 121

Bir bardak ıspanak ve beyaz yumurta Porsiyon: 3 123

İçindekiler: 123

Talimatlar: 123

Kahvaltılık Frittata Porsiyon: 2 125

İçindekiler: 125

Talimatlar: 125

Tavuk ve Quinoa Börek Kase Porsiyon: 6 126

İçindekiler: 126

Talimatlar: 127

Yumurtalı tosttan kaçının Porsiyon: 3 128

İçindekiler: 128

Talimatlar: 128

Yulaf badem porsiyonları: 2 129

İçindekiler: 129

Talimatlar: 129

Choco-nana krep Porsiyon: 2 130

İçindekiler: 130

Talimatlar: 130

Tatlı patates yulaf çubukları Porsiyon: 6 132

İçindekiler: 132

Talimatlar: 133

Kolay Peasy Hash Browns Porsiyon: 3 135

İçindekiler: 135

Talimatlar: 135

Kuşkonmaz ve mantarlı frittata Porsiyonlar: 1 137

İçindekiler: 137

Talimatlar: 137

Yavaş Pişirilmiş Fransız Tostu Tencere Porsiyonu: 9 139

İçindekiler: 139

Talimatlar: 140

Kekik ve sucuklu hindi Porsiyon: 4 141

İçindekiler: 141

Talimatlar: 141

Vişne ve ıspanaklı smoothie Porsiyonlar: 1 143

İçindekiler: 143

Talimatlar: 143

Kahvaltıda patates porsiyonları: 2 144

İçindekiler: 144

Talimatlar: 144

Hazır muzlu yulaf ezmesi porsiyonları: 1 145

İçindekiler: 145

Talimatlar: 145

Badem ezmesi ve muzlu smoothie Porsiyon: 1 146

İçindekiler: 146

Talimatlar: 146

Pişirmeden çikolatalı chia enerji çubukları Porsiyon: 14 147

İçindekiler: 147

Talimatlar: 147

Keten tohumu ile kahvaltı için meyve kasesi Porsiyon: 1 149

İçindekiler: 149

Talimatlar: 150

Yavaş pişirmede kahvaltıda yulaf ezmesi Porsiyon: 8 151

İçindekiler: 151

Talimatlar: 151

Balkabağı ekmeği Porsiyon: 12 153

İçindekiler: 153

Talimatlar: 154

Hindistan cevizi ve frambuazlı chia puding Porsiyon: 4 156

İçindekiler: 156

Talimatlar: 156

Hafta sonu kahvaltılık salata Porsiyon: 4 157

İçindekiler: 157

Talimatlar: 158

Peynir, brokoli ve karnabahar ile mükemmel vejetaryen pilav 159

İçindekiler: 159

Talimatlar: 160

Akdeniz tostu Porsiyon: 2 161

İçindekiler: 161

Talimatlar: 161

Kahvaltıda tatlı patates salatası Porsiyon: 2 163

İçindekiler: 163

Talimatlar: 163

Sahte Kahvaltı Hash Kahverengi Bardaklar Porsiyon: 8 164

İçindekiler: 164

Talimatlar: 164

Ispanak ve mantarlı omlet Porsiyon: 2 165

İçindekiler: 165

Talimatlar: 165

Tavuk ve sebzeli marul rulo Porsiyon: 2 167

İçindekiler: 167

Talimatlar: 168

Muz ve tarçınlı kremalı kase Porsiyonlar: 1 169

İçindekiler: 169

Kızılcık ve tarçınlı iyi tahıllar Porsiyon: 2 170

İçindekiler: 170

Talimatlar: 170

Kahvaltıda omlet porsiyonları: 2 172

İçindekiler: 172

Talimatlar: 172

Tam tahıllı sandviç ekmeği Porsiyon: 12 173

İçindekiler: 173

Talimatlar: 173

Dilimlenmiş tavuk döner 175

İçindekiler: 175

Talimatlar: 176

Tatlı patates çorbası porsiyonu: 6 177

İçindekiler: 177

Talimatlar: 177

Quinoa Börek Kaseleri için Malzemeler: 179

Talimatlar: 180

Bademli Brokoli Porsiyon: 6 181

İçindekiler: 181

Talimatlar: 181

Kinoa yemeği için malzemeler: 183

Talimatlar: 183

Temiz Yeme yumurta salatası Porsiyon: 2 185

İçindekiler: 185

Talimatlar: 185

Beyaz fasulye biber Porsiyon: 4 186

İçindekiler: 186

Talimatlar: 187

Ton balığı limonlu Porsiyonlar: 4 188

İçindekiler: 188

Talimatlar: 188

Kuşkonmaz ve meşe palamudu kabaklı Tilapia Porsiyon: 4 190

İçindekiler: 190

Talimatlar: 190

Zeytin, domates ve fesleğenli fırında tavuk 192

İçindekiler: 192

Talimatlar: 192

Ratatouille Porsiyon: 8 194

İçindekiler: 194

Talimatlar: 194

Köfte tavuk çorbası Porsiyon: 4 196

İçindekiler: 196

Talimatlar: 197

Narenciye soslu lahana ve portakal salatası 198

İçindekiler: 198

Talimatlar: 199

Tempeh ve kök sebzelerden pişirme Porsiyon: 4 200

İçindekiler: 200

Talimatlar: 200

Yeşil çorba porsiyonları: 2 202

İçindekiler: 202

Talimatlar: 203

Biberli pizza ekmeği için malzemeler: 204

Talimatlar: 205

Pancar Gazpacho Porsiyon: 4 206

İçindekiler: 206

Talimatlar: 206

Kavrulmuş Balkabagi Rigatoni Malzemeler: 208

Talimatlar: 208

Tofu ve karidesli Capellini çorbası Porsiyon: 8 210

İçindekiler: 210

Talimatlar: 211

Mantarlı ve salatalıklı domuz eti Porsiyonlar: 4 212

İçindekiler: 212

Talimatlar: 212

Tavuk çubuklarının porsiyonları: 4 214

İçindekiler: 214

Talimatlar: 214

Balzamik kavrulmuş tavuk Porsiyon: 4 216

İçindekiler: 216

Talimatlar: 216

Biftek ve mantar porsiyonları: 4 218

İçindekiler: 218

Talimatlar: 218

Sığır eti Porsiyonları için ipuçları: 4 219

İçindekiler: 219

Talimatlar: 219

Köfte taco kaseleri için malzemeler:

Köfteler:

1 lb yağsız kıyma (veya domuz eti, hindi veya tavuk gibi herhangi bir kıyma)

1 yumurta

1/4 su bardağı ince kıyılmış lahana veya maydanoz veya kişniş gibi çıtır otlar (isteğe bağlı)

1 çay kaşığı tuz

1/2 çay kaşığı karabiber

Taco kaseleri

2 su bardağı enchilada sosu (biz sipariş üzerine hazırlıyoruz) 16 adet köfte (hazırlıkları önceden kaydedilmiş)

2 bardak pişmiş pirinç, beyaz veya koyu

1 avokado, dilimlenmiş

1 su bardağı yerel kaynaklı Salsa veya Pico de Gallo 1 su bardağı rendelenmiş peynir

1 jalapeno, ince kıyılmış (isteğe bağlı)

1 yemek kaşığı kişniş, kıyılmış

1 misket limonu, dilimler halinde kesin

Tortilla cipsleri, servis için

Talimatlar:

1. Yap/dondur

2. Büyük bir kapta kıyma, yumurta, lahana (kullanılıyorsa), tuz ve karabiberi karıştırın. Eşit bir şekilde birleşene kadar sadece ellerinizle karıştırın.

Yaklaşık 1 inç arayla 16 köfte oluşturun ve folyo kaplı bir fırın tepsisine yerleştirin.

3. Birkaç gün içinde kullanacaksanız, 2 güne kadar buzdolabında saklayın.

4. Donması durumunda, kabı köfteler sertleşene kadar buzdolabına koyun. Soğutucu bir torbaya aktarın. Köfteler buzdolabında 3-4 ay saklanır.

5. Yemek pişirmek

6. Orta boy bir tencerede enchilada sosunu hafifçe kaynatın. Köfteleri ekleyin (köfte ise önce buzunu çözmek için zorlayıcı bir neden yoktur) sertleştirilmiş). Köfteler çıtır çıtırsa 12 dakika, sertse 20 dakika iyice pişene kadar pişirin.

7. Köfteler haşlanırken çeşitli aksesuarlar hazırlayın.

8. Pirinci köfte ve sos, dilimlenmiş avokado, salsa, çedar, jalapeño parçaları ve kişniş ile süsleyerek taco kaselerini üst üste koyun. Hediye olarak limon dilimleri ve tortilla cipsleri verin.

Somonlu avokado pesto Porsiyon: 4

Pişirme süresi: 25 dakika

İçindekiler:

1 yemek kaşığı pesto

1 limon

2 dondurulmuş/taze somon bifteği

1 büyük kabak, spiralize

1 yemek kaşığı karabiber

1 avokado

1/4 bardak Parmesan peyniri, rendelenmiş

İtalyan baharatı

Talimatlar:

1. Fırını önceden 375 F'ye ısıtın. Somonu İtalyan çeşnisi, tuz ve karabiberle tatlandırın ve 20 dakika pişirin.

2. Avokadoyu bir kaşık biber, limon suyu ve bir kaşık pesto ile birlikte kaseye ekleyin. Avokadoyu ezin ve bir kenara koyun.

3. Kabak eriştelerini bir servis tabağına, ardından avokado ve somon karışımını ekleyin.

4. Peynir serpin. Gerekirse, daha fazla pesto ekleyin. Eğlenmek!

Beslenme bilgisi:128 kalori 9,9 gr yağ 9 gr toplam karbonhidrat 4 gr protein

Zerdeçal ile tatlandırılmış tatlı patates, elma ve tavuklu soğan

porsiyonlar: 4

Pişirme süresi: 45 dakika

İçindekiler:

2 yemek kaşığı oda sıcaklığında tuzsuz tereyağı 2 orta boy tatlı patates

1 büyük Granny Smith elması

1 orta boy soğan, ince dilimlenmiş

4 adet kemikli ve derili tavuk göğsü

1 çay kaşığı tuz

1 çay kaşığı zerdeçal

1 çay kaşığı kuru adaçayı

¼ çay kaşığı taze çekilmiş karabiber

1 bardak elma şarabı, beyaz şarap veya tavuk suyu<u>Talimatlar:</u>

1. Fırını 400°F'ye ısıtın. Bir fırın tepsisini tereyağı ile yağlayın.

2. Tatlı patatesi, elmayı ve soğanı tek sıra halinde fırın tepsisine dizin.

3. Tavuğu derisi yukarı gelecek şekilde yerleştirin ve tuz, zerdeçal, adaçayı ve karabiber ekleyin. Elma şarabı ekleyin.

4. 35 ila 40 dakika pişirin. Çıkarın, 5 dakika dinlendirin ve servis yapın.

Beslenme bilgisi:Kalori 386 Toplam Yağ: 12 gr Toplam Karbonhidrat: 26 gr Şeker: 10 gr Lif: 4 gr Protein: 44 gr Sodyum: 932 mg

Baharatlı fırında somon bifteği Porsiyonlar: 4

Pişirme süresi: 5 dakika

İçindekiler:

1 lb somon bifteği, durulanmış 1/8 çay kaşığı kırmızı biber 1 çay kaşığı toz kırmızı biber

½ çay kaşığı kimyon

2 diş sarımsak, kıyılmış

1 yemek kaşığı zeytinyağı

¾ çay kaşığı tuz

1 çay kaşığı taze çekilmiş karabiber

Talimatlar:

1. Fırını 350 derece F'ye ısıtın.

2. Bir kapta kırmızı biber, pul biber, kimyon, tuz ve karabiberi karıştırın. Kenara koyun.

3. Somon bifteğinin üzerine zeytinyağı gezdirin. Her iki tarafa da sürtün. Sarımsak ve hazırlanan baharat karışımını ovalayın. 10 dakika bekletin.

4. Tatların birbirine karışmasını sağladıktan sonra tavayı fırına hazırlayın.

Zeytinyağını ısıtın. Isıtıldığında, somonu her iki tarafta 4 dakika baharatlayın.

5. Tavayı fırına taşıyın. 10 dakika pişirin. Sert.

<u>Beslenme bilgisi:</u>Kalori 210 Karbonhidratlar: 0g Yağlar: 14g Proteinler: 19g

Tofu ve İtalyan çeşnili yaz sebzeleri Porsiyon: 4

Pişirme süresi: 20 dakika

İçindekiler:

2 büyük kabak, ¼ inçlik dilimler halinde kesin

2 büyük yaz kabağı, ¼ inç kalınlığında dilimler halinde kesilmiş 1 pound sert tofu, 1 inç küpler halinde kesilmiş

1 su bardağı sebze suyu veya su

3 yemek kaşığı sızma zeytinyağı

2 diş sarımsak, dilimlenmiş

1 çay kaşığı tuz

1 çay kaşığı İtalyan bitki baharat karışımı

¼ çay kaşığı taze çekilmiş karabiber

1 yemek kaşığı ince dilimlenmiş taze fesleğen

Talimatlar:

1. Fırını 400°F'ye ısıtın.

2. Kabak, kabak, tofu, et suyu, yağ, sarımsak, tuz, İtalyan bitki karışımı ve karabiberi geniş kenarlı bir fırın tepsisinde birleştirin ve iyice karıştırın.

3. 20 dakika içinde pişirin.

4. Fesleğen serpin ve servis yapın.

Beslenme bilgisi:Kalori 213 Toplam Yağ: 16 gr Toplam Karbonhidrat: 9 gr Şeker: 4 gr Lif: 3 gr Protein: 13 gr Sodyum: 806 mg

Çilek ve keçi peynirli salata için malzemeler:

1 pound gevrek çilek, doğranmış

İsteğe bağlı: 1 ila 2 çay kaşığı nektar veya akçaağaç şurubu, 2 ons ufalanmış keçi çedar (yaklaşık ½ fincan) ¼ fincan doğranmış gevrek fesleğen, artı garnitür için birkaç fesleğen yaprağı

1 yemek kaşığı sızma zeytinyağı

1 yemek kaşığı kalın balzamik sirke*

½ çay kaşığı Maldon Flaky Ocean Salt veya yetersiz ¼ bir çay kaşığı ince deniz tuzu

Çıtır öğütülmüş karabiber

Talimatlar:

1. Doğranmış çilekleri orta boy bir servis tabağına veya sığ bir servis kasesine yerleştirin. Çilekler beğeninize yetecek kadar tatlı değilse üzerlerine biraz nektar veya akçaağaç şurubu ekleyin.

2. Çileklerin üzerine ufalanmış kaşar peynirini ve ardından kıyılmış fesleğeni serpin. Üzerine zeytinyağı ve balzamik sirke gezdirin.

3. Bir tabak karışık sebzeyi tuz, birkaç parça çıtır çıtır çekilmiş karabiber ve konserve fesleğen yapraklarıyla parlatın. En mükemmel giriş için, hızlıca bir tabak karışık sebze servis edin.

Ancak artıklar yaklaşık 3 gün buzdolabında iyi durumda kalacaktır.

Karnabahar ve zerdeçallı morina yahnisi

Porsiyon: 4

Pişirme süresi: 30 dakika

İçindekiler:

½ pound karnabahar çiçeği

1 pound morina filetosu, kemiksiz, derisiz ve doğranmış 1 yemek kaşığı zeytinyağı

1 sarı soğan doğranmış

½ çay kaşığı kimyon tohumu

1 yeşil biber, doğranmış

¼ çay kaşığı toz zerdeçal

2 domates, doğranmış

Bir tutam tuz ve karabiber

½ su bardağı tavuk suyu

1 yemek kaşığı kıyılmış kişniş

Talimatlar:

1. Bir tencereyi orta ateşte yağ ile ısıtın, soğan, kırmızı biber, kimyon ve zerdeçal ekleyin, karıştırın ve 5 dakika pişirin.

2. Karnabahar, balık ve diğer malzemeleri ekleyip karıştırın, kaynamaya bırakın ve 25 dakika daha orta ateşte pişirin.

3. Yahniyi kaselere bölüştürün ve servis yapın.

Beslenme bilgisi:kalori 281, yağ 6, lif 4, karbonhidrat 8, protein 12

Cevizli kuşkonmazlı lokum Porsiyon: 4

Pişirme süresi: 5 dakika

İçindekiler:

1 ve ½ yemek kaşığı zeytinyağı

¾ pound kuşkonmaz, kesilmiş

¼ su bardağı kıyılmış ceviz

Ayçekirdeği ve tatmak için biber

Talimatlar:

1. Tavayı orta ateşe koyun, zeytinyağını ekleyin ve ısınmasını sağlayın.

2. Kuşkonmaz ekleyin, 5 dakika kızarana kadar soteleyin.

3. Ayçekirdeği ve karabiber serpin.

4. Ateşten alın.

5. Cevizleri ekleyin ve karıştırın.

Beslenme bilgisi:Kalori: 124 Yağ: 12 gr Karbonhidrat: 2 gr Protein: 3 gr

Alfredo Kabak Makarna için Malzemeler:

2 orta boy spiral kabak

1-2 TB vegan parmesan peyniri (isteğe bağlı)

Hızlı Alfredo Sos

Birkaç saat veya 10 dakika kaynar suda ıslatılmış 1/2 su bardağı çiğ kaju fıstığı

2 TB limon suyu

3 TB besin mayası

2 çay kaşığı beyaz miso (belki alt tamari, soya sosu veya hindistancevizi aminosları)

1 çay kaşığı soğan tozu

1/2 çay kaşığı sarımsak tozu

1/4-1/2 su bardağı su

Talimatlar:

1. Kabak eriştelerini spiralleyin.

2. Tüm alfredo malzemelerini yüksek hızlı bir karıştırıcıya ekleyin (1/4 bardak su ile başlayarak) ve pürüzsüz olana kadar karıştırın. Sosunuzun çok koyu

olması durumunda, aradığınız kıvamı elde edene kadar her seferinde bir çorba kaşığı daha fazla su ekleyin.

3. Kabak eriştelerini alfredo sosuyla ve isterseniz bir vejetaryen sepeti ile kaplayın.

Kinoalı hindi tavuğu için malzemeler:

1 su bardağı kinoa, durulanmış

3-1/2 bardak su, yalıtımlı

1/2 pound yağsız öğütülmüş hindi

1 büyük tatlı soğan, doğranmış

1 orta boy tatlı kırmızı biber, doğranmış

4 diş sarımsak, kıyılmış

1 yemek kaşığı kuru fasulye tozu

1 yemek kaşığı öğütülmüş kimyon

1/2 çay kaşığı öğütülmüş tarçın

2 kutu (her biri 15 ons) siyah fasulye, durulanmış ve süzülmüş 1 kutu (28 ons) ezilmiş domates

1 orta boy kabak, dilimlenmiş

adobo soslu 1 chipotle biber, dilimlenmiş

1 yemek kaşığı adobo sosu

1 sivrilen yaprak

1 çay kaşığı kurutulmuş kekik

1/2 çay kaşığı tuz

1/4 çay kaşığı biber

1 su bardağı sertleştirilmiş mısır, çözülmüş

1/4 bardak kıyılmış gevrek kişniş

İsteğe bağlı garnitürler: doğranmış avokado, ufalanmış Monterey Jack çedar

Talimatlar:

1. Büyük bir tavada kinoayı ve 2 su bardağı suyu kaynama noktasına kadar ısıtın. Isıyı azaltın; yayın ve 12-15 dakika veya suyunu tutana kadar güveç yapın. Isıdan sürün; çatalla hafifletin ve güvenli bir yere koyun.

2. Daha sonra, pişirme spreyi ile kaplanmış büyük bir tavada hindi, soğan, kırmızı biber ve sarımsağı orta ateşte et pembeliği geçene ve sebzeler yumuşayana kadar pişirin; kanal. Fasulye yahnisi tozu, kimyon ve tarçını karıştırın; 2 dakika daha pişirin.

İstediğiniz zaman, isteğe bağlı süslemelerle sunun.

3. Kara fasulye, domates, kabak, pul biber, adobo sos, kakule, kekik, tuz, karabiber ve kalan suyu ekleyin.

Kaynayana kadar ısıtın. Isıyı azaltın; yaymak ve güveç 30

dakika. Mısır ve kinoayı birleştirin; ısıtın. Dar sayfayı kaldırın; kişnişi karıştırın. İsteğe bağlı isteğe bağlı ek ile sunun.

4. Dondurmaya alternatif: Soğutulmuş gulaşı daha soğuk bölmelerde dondurun.

Kullanmak için orta vadede buzdolabında kısmen eritin. Ara sıra karıştırarak bir tencerede ısıtın; gerekirse meyve suları veya su ekleyin.

Sarımsaklı ve kabaklı erişte Porsiyonlar: 4

Pişirme süresi: 15 dakika

İçindekiler:

sosu hazırlamak için

¼ bardak hindistan cevizi sütü

6 büyük tarih

2/3 gr öğütülmüş hindistancevizi

6 diş sarımsak

2 yemek kaşığı zencefil ezmesi

2 yemek kaşığı kırmızı köri ezmesi

Noodle hazırlamak için

1 büyük aşçı kabak erişteli

½ jülyen doğranmış havuç

½ Julienne dilimlenmiş kabak

1 küçük kırmızı biber

¼ su bardağı kaju fıstığı

Talimatlar:

1. Sosu yapmak için tüm malzemeleri karıştırın ve kalın bir püre yapın.

2. Spagettiyi uzunlamasına kesin ve erişte yapın.

3. Bir fırın tepsisini hafifçe zeytinyağı ile kaplayın ve kabak eriştelerini 40C'de 5-6 dakika pişirin.

4. Servis yapmak için erişteleri ve püreyi bir kaseye koyun. Veya erişte ile patates püresi servis edin.

Beslenme bilgisi:Kalori 405 Karbonhidratlar: 107 gr Yağlar: 28 gr Proteinler: 7 gr

Barbunya ve acı salsa ile buğulanmış alabalık

Porsiyonlar: 1

Pişirme süresi: 16 dakika

İçindekiler:

4 ½ ons kiraz domates, ikiye bölünmüş

1/4 avokado, soyulmamış

6 oz Derisiz Okyanus Alabalık Filetosu

Servis için kişniş yaprakları

2 çay kaşığı zeytinyağı

Servis için limon dilimleri

4 ½ oz konserve barbunya fasulyesi, durulanmış ve süzülmüş 1/2 kırmızı soğan, ince dilimlenmiş

1 yemek kaşığı salamura jalapenos, süzülmüş

1/2 çay kaşığı öğütülmüş kimyon

4 Sicilya zeytini/yeşil zeytin

Talimatlar:

1. Buhar sepetini kaynar su dolu bir tencerenin üzerine yerleştirin. Balıkları sepete ekleyin ve üzerini kapatın, 10-12 dakika pişirin.

2. Balığı çıkarın ve birkaç dakika bekletin. Bu arada, bir tavada biraz yağı ısıtın.

3. Salamura jalapenos, barbunya, zeytin, 1/2 çay kaşığı kimyon ve çeri domatesleri ekleyin. Sürekli karıştırarak yaklaşık 4-5 dakika pişirin.

4. Fasulye hamurunu servis tabağına alın, ardından alabalığı alın.

Üzerine kişniş ve soğanı ekleyin.

5. Misket limonu dilimleri ve avokado ile servis yapın. Kırmızı Fasulye ve Acı Salsa ile Buğulanmış Okyanus Alabalıklarının Keyfini Çıkarın!

Beslenme bilgisi:243 kalori 33,2 gr yağ 18,8 gr toplam karbonhidrat 44 gr protein

Tatlı patates ve hindi çorbası Porsiyon: 4

Pişirme süresi: 45 dakika

İçindekiler:

2 yemek kaşığı zeytinyağı

1 sarı soğan doğranmış

1 yeşil biber, doğranmış

2 tatlı patates, soyulmuş ve doğranmış

1 kilo hindi göğsü, derisiz, kemiksiz ve doğranmış 1 çay kaşığı kişniş, öğütülmüş

Bir tutam tuz ve karabiber

1 çay kaşığı tatlı kırmızı biber

6 su bardağı tavuk suyu

1 misket limonunun suyu

Bir avuç kıyılmış maydanoz

Talimatlar:

1. Bir tencereyi orta ateşte yağ ile ısıtın, soğan, biber ve tatlı patatesi ekleyin, karıştırın ve 5 dakika pişirin.

2. Eti ekleyin ve 5 dakika daha kızartın.

3. Diğer malzemeleri ekleyin, karıştırın, kaynatın ve orta ateşte 35 dakika daha pişirin.

4. Çorbayı kaselere dökün ve servis yapın.

Beslenme bilgisi:kalori 203, yağ 5, lif 4, karbonhidrat 7, protein 8

Miso fırında somon Porsiyon: 2

Pişirme süresi: 20 dakika

İçindekiler:

2 kaşık. Akçaağaç şurubu

2 limon

¼ fincan miso

¼ çay kaşığı Biber, öğütülmüş

2 limon

2 ½ lbs. Somon, derili

Biraz acı biber

2 kaşık. Sızma zeytinyağı

¼ fincan miso

Talimatlar:

1. Önce limon suyunu ve limon suyunu küçük bir kapta iyice birleşene kadar karıştırın.

2. Ardından miso, acı biber, akçaağaç şurubu, zeytinyağı ve karabiberi bir kaşıkla ekleyin. İyi birleştirin.

3. Ardından somonu pişirme kağıdı serili bir fırın tepsisine derili tarafı alta gelecek şekilde yerleştirin.

4. Somonu bol miktarda miso limon karışımı ile kaplayın.

5. Şimdi ikiye bölünmüş limon ve misket limonu parçalarını kesik yüzleri yukarı gelecek şekilde yerleştirin.

6. Son olarak, 8 ila 12 dakika veya balık pul pul olana kadar pişirin.

Beslenme bilgisi:Kalori: 230 Kcal Proteinler: 28,3 gr Karbonhidratlar: 6,7 gr Yağlar: 8,7 gr

Basit haşlanmış kabarık fileto Porsiyon: 6

Pişirme süresi: 8 dakika

İçindekiler:

6 tilapia filetosu

2 yemek kaşığı zeytinyağı

1 limon, suyu

Tatmak için tuz ve karabiber ekleyin

¼ su bardağı kıyılmış maydanoz veya kişniş

Talimatlar:

1. Tilapia filetolarını orta boy bir tavada zeytinyağında orta ateşte soteleyin. Balık bir çatalla kolayca ayrılana kadar her iki tarafta 4 dakika pişirin.

2. Tatmak için tuz ve karabiber. Her fileto üzerine limon suyu dökün.

3. Servis yapmak için pişmiş filetoyu kıyılmış maydanoz veya kişniş serpin.

Beslenme bilgisi:Kalori: 249 Cal Yağ: 8,3 g Protein: 18,6 g Karbonhidrat: 25,9

Elyaf: 1 gr

Domuz karnita Porsiyon: 10

Pişirme süresi: 8 saat. 10 dakika

İçindekiler:

5 kilo domuz omzu

2 diş sarımsak, kıyılmış

1 çay kaşığı karabiber

1/4 çay kaşığı tarçın

1 çay kaşığı kurutulmuş kekik

1 çay kaşığı öğütülmüş kimyon

1 defne yaprağı

2 ons tavuk suyu

1 çay kaşığı limon suyu

1 yemek kaşığı pul biber

1 yemek kaşığı tuz

Talimatlar:

1. Diğer malzemelerle birlikte domuz etini Yavaş Pişiriciye ekleyin.

2. Örtün ve 8 saat pişirin. kısık ateşte.

3. Bittiğinde, pişmiş domuz etini bir çatalla parçalayın.

4. Bu dilimlenmiş domuz etini tavaya yayın.

5. 10 dakika pişirin ve ardından servis yapın.

Beslenme bilgisi:Kalori 547 Yağ 39 gr, Karbonhidratlar 2,6 gr, Lif 0 gr, Protein 43 gr

sebzeli beyaz balık çorbası

Porsiyon: 6 ila 8

Pişirme süresi: 32 ila 35 dakika

İçindekiler:

3 tatlı patates, soyulmuş ve ½ inçlik parçalar halinde kesilmiş 4 havuç, soyulmuş ve ½ inçlik parçalar halinde kesilmiş 3 bardak tam yağlı hindistan cevizi sütü

2 bardak su

1 çay kaşığı kuru kekik

½ çay kaşığı deniz tuzu

10½ ons (298 gr) beyaz balık, derisiz ve sert, örneğin morina veya pisi balığı, parçalar halinde kesilmiş

Talimatlar:

1. Büyük bir tencereye tatlı patates, havuç, hindistan cevizi sütü, su, kekik ve deniz tuzu ekleyin ve yüksek ateşte kaynatın.

2. Ateşi kısın, kapağını kapatın ve ara sıra karıştırarak sebzeler yumuşayana kadar 20 dakika pişirin.

3. Çorbanın yarısını bir karıştırıcıya dökün ve iyice karışana ve pürüzsüz olana kadar püre haline getirin, ardından tencereye geri koyun.

4. Balık parçalarını ekleyin ve 12 dakika daha pişirmeye devam edin.

15 dakikaya kadar veya balık pişene kadar.

5. Ateşten alın ve kaselere servis yapın.

Beslenme bilgisi: kalori: 450; yağ: 28.7g; proteinler: 14.2g; karbonhidratlar: 38.8g; lif: 8.1g; şeker: 6.7g; sodyum: 250 mg

Limonlu midye Porsiyon: 4

İçindekiler:

1 çorba kaşığı. natürel sızma natürel sızma zeytinyağı 2 diş doğranmış sarımsak

2 lbs. temizlenmiş midye

bir limonun suyu

Talimatlar:

1. Bir tencereye biraz su koyun, midyeleri ekleyin, orta ateşte kaynatın, 5 dakika pişirin, ağzı açılmamış midyeleri atın ve bir kaba aktarın.

2. Başka bir kapta yağı, sarımsağı ve taze sıkılmış limon suyunu karıştırıp iyice çırpın ve midyelerin üzerine ekleyip karıştırın ve servis edin.

3. Keyfini çıkarın!

Beslenme bilgisi:Kalori: 140, Yağ: 4 gr, Karbonhidrat: 8 gr, Protein: 8 gr, Şeker: 4 gr, Sodyum: 600 mg,

Kireç ve acı somon Porsiyon: 2

Pişirme süresi: 8 dakika

İçindekiler:

1 kilo somon

1 yemek kaşığı limon suyu

½ çay kaşığı biber

½ çay kaşığı toz biber

4 dilim kireç

Talimatlar:

1. Limon suyunu somonun üzerine gezdirin.

2. Her iki tarafını da biber ve pul biber serpin.

3. Somonu fritöze ekleyin.

4. Limon dilimlerini somonun üzerine yerleştirin.

5. 375 derece F'de 8 dakika havayla kızartın.

Peynirli Ton Balıklı Makarna Porsiyonu: 3-4

İçindekiler:

2 c. roka

¼ c. doğranmış yeşil soğan

1 yemek kaşığı kırmızı sirke

5 ons süzülmüş konserve ton balığı

¼ çay kaşığı karabiber

2 oz. pişmiş tam buğday makarna

1 çorba kaşığı. zeytin yağı

1 çorba kaşığı. rendelenmiş az yağlı Parmesan peyniri

Talimatlar:

1. Makarnayı hazır olana kadar tuzsuz suda pişirin. Süzün ve bir kenara koyun.

2. Geniş bir kapta ton balığı, taze soğan, sirke, yağ, roka, makarna ve karabiberi iyice karıştırın.

3. İyice karıştırın ve üzerine peynir serpin.

4. Servis yapın ve tadını çıkarın.

Beslenme bilgisi:Kalori: 566,3, Yağ: 42,4 gr, Karbonhidrat: 18,6 gr, Protein: 29,8 gr, Şeker: 0,4 gr, Sodyum: 688,6 mg

Hindistan cevizi kabuklu balık şeritleri Porsiyon: 4

Pişirme süresi: 12 dakika

İçindekiler:

turşusu

1 yemek kaşığı soya sosu

1 çay kaşığı öğütülmüş zencefil

½ bardak hindistan cevizi sütü

2 yemek kaşığı akçaağaç şurubu

½ su bardağı ananas suyu

2 çay kaşığı acı sos

Balık

1 lb balık filetosu, şeritler halinde kesilmiş

zevkinize biber

1 su bardağı galeta unu

1 su bardağı hindistan cevizi gevreği (şekersiz)

Pişirme spreyi

Talimatlar:

1. Marine malzemelerini bir kapta karıştırın.

2. Balık şeritlerini karıştırın.

3. Örtün ve 2 saat buzdolabında saklayın.

4. Fritözünüzü önceden 375 derece F'ye ısıtın.

5. Biber, galeta unu ve hindistancevizi pullarını bir kapta karıştırın.

6. Balık şeritlerini ekmek kırıntısı karışımına batırın.

7. Fritöz sepetinize yağ püskürtün.

8. Balık şeritlerini fritöz sepetine ekleyin.

9. Her bir yüzünü 6 dakika havayla kızartın.

Meksika balıklarının porsiyonları: 2

Pişirme süresi: 10 dakika

İçindekiler:

4 balık filetosu

2 çay kaşığı Meksika kekiği

4 çay kaşığı kimyon

4 çay kaşığı toz biber

zevkinize biber

Pişirme spreyi

Talimatlar:

1. Fritözünüzü önceden 400 derece F'ye ısıtın.

2. Balığa yağ püskürtün.

3. Balığın her iki tarafını da baharat ve karabiberle tatlandırın.

4. Balığı fritöz sepetine yerleştirin.

5. 5 dakika pişirin.

6. Çevirin ve 5 dakika daha pişirin.

Salatalık salsalı alabalık Porsiyon: 4

Pişirme süresi: 10 dakika

İçindekiler:

Salsa:

1 İngiliz salatalık, doğranmış

¼ fincan şekersiz hindistancevizi yoğurdu

2 yemek kaşığı kıyılmış taze nane

1 taze soğan, beyaz ve yeşil kısmı, doğranmış

1 çay kaşığı çiğ bal

deniz tuzu

Balık:

4 (5 ons) alabalık filetosu, kurutulmuş

1 yemek kaşığı zeytinyağı

Tatmak için deniz tuzu ve taze çekilmiş karabiberTalimatlar:

1. Salsayı yapın: Yoğurt, salatalık, nane, yeşil soğan, bal ve deniz tuzunu küçük bir kapta iyice birleşene kadar karıştırın. Kenara koyun.

2. Temiz bir çalışma yüzeyinde alabalık filetolarını deniz tuzu ve karabiberle hafifçe ovun.

3. Zeytinyağını büyük bir tavada orta ateşte ısıtın. Alabalık filetolarını sıcak tavaya ekleyin ve yaklaşık 10 dakika boyunca balığı çevirerek veya balık istediğiniz gibi pişene kadar kızartın.

4. Salsayı balığın üzerine yayın ve servis yapın.

<u>Beslenme bilgisi:</u>kalori: 328; yağ: 16.2g; proteinler: 38.9g; karbonhidratlar: 6.1g

; lif: 1,0 gr; şeker: 3.2g; sodyum: 477 mg

Karides Porsiyonlu Limonlu Zoodles: 4

Pişirme süresi: 0 dakika

İçindekiler:

Sos:

½ fincan paketlenmiş taze fesleğen yaprağı

1 limon suyu (veya 3 yemek kaşığı)

Bir şişede 1 çay kaşığı kıyılmış sarımsak

Bir tutam deniz tuzu

Bir tutam taze çekilmiş karabiber

¼ fincan konserve tam yağlı hindistan cevizi sütü

1 büyük sarı kabak, jülyen veya spiral şeklinde 1 büyük kabak, jülyen şeklinde veya spiral şeklinde

1 pound (454 gr) karides, temizlenmiş, pişirilmiş, soyulmuş ve soğutulmuş 1 limonun kabuğu (isteğe bağlı)

Talimatlar:

1. Sosu hazırlayın: Fesleğen yapraklarını, limon suyunu, sarımsağı, deniz tuzunu ve karabiberi bir mutfak robotunda ince kıyılmış olana kadar karıştırın.

2. İşlemci hala çalışırken hindistan cevizi sütünü yavaşça dökün. Pürüzsüz olana kadar nabız atın.

3. Sosu, kabak ve kabak ile birlikte geniş bir kaseye aktarın. İyice karıştırın.

4. Erişte üzerine karides ve limon kabuğu rendesi (isteğe bağlı) serpin. Hemen servis yapın.

Beslenme bilgisi:kalori: 246; yağ: 13.1g; proteinler: 28.2g; karbonhidratlar: 4.9g

; lif: 2,0 gr; şeker: 2.8g; sodyum: 139 mg

Çıtır karides porsiyonları: 4

Pişirme süresi: 3 dakika

İçindekiler:

1 lb karides, soyulmuş ve kabuğu çıkarılmış

½ su bardağı balık ekmek karışımı

Pişirme spreyi

Talimatlar:

1. Fritözünüzü önceden 390 derece F'ye ısıtın.

2. Karideslere yağ püskürtün.

3. Pane karışımı ile kaplayın.

4. Fritöz sepetine yağ püskürtün.

5. Karidesleri fritöz sepetine ekleyin.

6. 3 dakika pişirin.

Kavrulmuş levrek porsiyonları: 2

İçindekiler:

2 diş kıyılmış sarımsak

Biber.

1 çorba kaşığı. limon suyu

2 adet beyaz levrek filetosu

¼ çay kaşığı ot baharat karışımı

Talimatlar:

1. Bir fırın tepsisine biraz zeytinyağı sürün ve filetoları üzerine yerleştirin.

2. Filetoları limon suyu, sarımsak ve baharatlarla serpin.

3. Yaklaşık 10 dakika veya balık altın rengine dönene kadar pişirin.

4. İstenirse sotelenmiş ıspanak yatağında servis yapın.

Beslenme bilgisi:Kalori: 169, Yağ: 9,3 gr, Karbonhidrat: 0,34 gr, Protein: 15,3 g, şekerler: 0,2 g, sodyum: 323 mg

Somonlu Kek Porsiyon: 4

Pişirme süresi: 10 dakika

İçindekiler:

Pişirme spreyi

1 lb somon filetosu, dilimlenmiş

¼ su bardağı badem unu

2 çay kaşığı Old Bay baharatı

1 taze soğan, doğranmış

Talimatlar:

1. Fritözünüzü önceden 390 derece F'ye ısıtın.

2. Fritöz sepetinize yağ püskürtün.

3. Kalan malzemeleri bir kapta karıştırın.

4. Karışımdan köfteler oluşturun.

5. Köftelerin her iki tarafına da yağ püskürtün.

6. Havada 8 dakika kızartın.

Baharatlı morina porsiyonu: 4

İçindekiler:

2 kaşık. taze kıyılmış maydanoz

2 lbs. morina filetosu

2 c. düşük sodyumlu salsa

1 çorba kaşığı. tatsız yağ

Talimatlar:

1. Fırını 350°F'ye ısıtın.

2. Büyük, derin bir fırın tepsisinin tabanına yağ gezdirin.

Morina filetolarını kaseye koyun. Salsayı balıkların üzerine dökün. 20 dakika folyo ile örtün. Pişirmenin son 10 dakikasında folyoyu çıkarın.

3. Balık pul pul olana kadar fırında 20-30 dakika pişirin.

4. Beyaz veya kahverengi pirinçle servis yapın. Maydanozla süsleyin.

Beslenme bilgisi:Kalori: 110, Yağ: 11 gr, Karbonhidrat: 83 gr, Protein: 16,5 gr, Şeker: 0 gr, Sodyum: 122 mg

Füme alabalık ezmesi Porsiyon: 2

İçindekiler:

2 çay kaşığı taze limon suyu

½ c. az yağlı süzme peynir

1 kereviz sapı küp şeklinde kesilmiş

¼ lb. derili füme alabalık filetosu,

½ çay kaşığı Worcestershire sosu

1 tatlı kaşığı acı biber sosu

¼ c. iri dilimlenmiş kırmızı soğan

Talimatlar:

1. Alabalık, süzme peynir, kırmızı soğan, limon suyu, acı biber sosu ve Worcestershire sosunu bir blender veya mutfak robotunda birleştirin.

2. Pürüzsüz olana kadar işleyin, gerekirse kasenin kenarlarını sıyırmak için durun.

3. Doğranmış kerevizi ekleyin.

4. Buzdolabında hava geçirmez bir kapta saklayın.

Beslenme bilgisi: Kalori: 57, Yağ: 4 gr, Karbonhidrat: 1 gr, Protein: 4 gr, Şeker: 0 gr, Sodyum: 660 mg

Ton balığı ve soğan porsiyonları: 4

İçindekiler:

½ c. düşük sodyumlu tavuk suyu

1 çorba kaşığı. zeytin yağı

4 adet kılçığı ve derisi olmayan ton balığı filetosu

2 doğranmış arpacık

1 çay kaşığı tatlı kırmızı biber

2 kaşık. misket limonu suyu

¼ çay kaşığı karabiber

Talimatlar:

1. Bir tavayı orta ateşte yağ ile ısıtın, arpacık soğanlarını ekleyin ve 3 dakika soteleyin.

2. Balığı ekleyin ve her iki tarafını da 4'er dakika pişirin.

3. Diğer malzemeleri ekleyin, her şeyi 3 dakika daha pişirin, tabaklara bölün ve servis yapın.

Beslenme bilgisi:Kalori: 4040, Yağ: 34,6 gr, Karbonhidrat: 3 gr, Protein: 21,4 gr, Şeker: 0,5 gr, Sodyum: 1000 mg

Limonlu ve biberli karides porsiyonları: 2

Pişirme süresi: 10 dakika

İçindekiler:

1 yemek kaşığı limon suyu

1 yemek kaşığı zeytinyağı

1 çay kaşığı limon biberi

¼ çay kaşığı sarımsak tozu

¼ çay kaşığı kırmızı biber

12 ons karides, soyulmuş ve temizlenmiş

Talimatlar:

1. Fritözünüzü önceden 400 derece F'ye ısıtın.

2. Limon suyu, zeytinyağı, limon biberi, sarımsak tozu ve kırmızı biberi bir kapta karıştırın.

3. Karidesleri ilave edin ve karışımla eşit şekilde kaplayın.

4. Hava fritözüne ekleyin.

5. 8 dakika pişirin.

Sıcak ton balıklı biftek Porsiyon: 6

İçindekiler:

2 kaşık. Taze limon suyu

Biber.

Fırında portakal ve sarımsaklı mayonez

¼ c. tam karabiber taneleri

6 adet dilimlenmiş ton balığı biftek

2 kaşık. Sızma zeytinyağı

Tuz

Talimatlar:

1. Ton balığını sığacak şekilde bir kaseye koyun. Yağ, limon suyu, tuz ve karabiber ekleyin. Ton balığını marine ile iyice kaplayacak şekilde çevirin. 15 ila 20 dakika bekletin

dakika, bir kez dönüyor.

2. Karabiberleri iki kat kalın plastik torbalara koyun. Kabaca ezmek için karabiberleri ağır bir sos tavası veya küçük bir çekiçle vurun. Geniş bir tabağa yerleştirin.

3. Ton balığını pişirmeye hazır olduğunuzda kenarlarını ezilmiş karabibere batırın. Yapışmaz bir tavayı orta ateşte ısıtın. Orta az pişmiş balıklar için ton balığı bifteklerini gerekirse gruplar halinde her bir tarafı 4 dakika pişirin ve gerekirse yapışmayı önlemek için tavaya 2 ila 3 yemek kaşığı marine ekleyin.

4. Kavrulmuş portakal ve sarımsaklı mayonezle servis yapın<u>Beslenme bilgisi:</u>Kalori: 124, Yağ: 0,4 gr, Karbonhidrat: 0,6 gr, Protein: 28 gr, Şeker: 0 gr, Sodyum: 77 mg

Cajun somon porsiyonu: 2

Pişirme süresi: 10 dakika

İçindekiler:

2 somon fileto

Pişirme spreyi

1 yemek kaşığı Cajun baharatı

1 kaşık bal

Talimatlar:

1. Fritözünüzü önceden 390 derece F'ye ısıtın.

2. Balığın her iki tarafına da yağ püskürtün.

3. Cajun çeşnisini serpin.

4. Fritöz sepetine yağ püskürtün.

5. Somonu fritöz sepetine ekleyin.

6. Havada 10 dakika kızartın.

Sebzeli Quinoa Somon Kase

porsiyonlar: 4

Pişirme süresi: 0 dakika

İçindekiler:

1 pound (454 gr) pişmiş somon, pullar halinde

4 su bardağı pişmiş kinoa

6 turp, ince dilimlenmiş

1 kabak, yarım ay şeklinde doğranmış

3 su bardağı roka

3 taze soğan, kıyılmış

½ su bardağı badem yağı

1 çay kaşığı şekersiz acı sos

1 yemek kaşığı elma sirkesi

1 çay kaşığı deniz tuzu

Dekorasyon için ½ fincan kavrulmuş dilimlenmiş badem (isteğe bağlı)Talimatlar:

1. Büyük bir kapta somon pullarını, pişmiş kinoayı, turpu, kabağı, rokayı ve taze soğanı birleştirin ve iyice karıştırın.

2. Badem yağı, acı sos, elma sirkesi ve deniz tuzunu ekleyip karıştırın.

3. Karışımı dört kaseye bölün. İstenirse, her kaseye garnitür için dilimlenmiş bademleri eşit şekilde serpin. Hemen servis yapın.

Beslenme bilgisi:kalori: 769; yağ: 51,6 gr; proteinler: 37.2g; karbonhidratlar: 44.8g; lif: 8,0 gr; şeker: 4,0 gr; sodyum: 681 mg

Ezilmiş balık porsiyonları: 4

Pişirme süresi: 15 dakika

İçindekiler:

¼ bardak zeytinyağı

1 su bardağı kuru galeta unu

4 beyaz balık filetosu

zevkinize biber

Talimatlar:

1. Fritözünüzü önceden 350 derece F'ye ısıtın.

2. Balığın her iki tarafına da biber serpin.

3. Yağ ve ekmek kırıntılarını bir kapta karıştırın.

4. Balığı karışıma batırın.

5. Yapışması için ekmek kırıntılarına basın.

6. Balığı fritöze koyun.

7. 15 dakika pişirin.

Sade somon burger Porsiyon: 4

Pişirme süresi: 8 ila 10 dakika

İçindekiler:

1 pound (454 gr) kıyılmış derisiz, kemiksiz somon fileto ¼ fincan kıyılmış tatlı soğan

½ su bardağı badem unu

2 diş sarımsak, kıyılmış

2 yumurta, çırpılmış

1 çay kaşığı Dijon hardalı

1 yemek kaşığı taze sıkılmış limon suyu

Pul biberi rendeleyin

½ çay kaşığı deniz tuzu

¼ çay kaşığı taze çekilmiş karabiber

1 yemek kaşığı avokado yağı

Talimatlar:

1. Kıyılmış somon, tatlı soğan, badem unu, sarımsak, çırpılmış yumurta, hardal, limon suyu, pul biber, deniz tuzu ve karabiberi geniş bir kapta birleştirin ve iyice karışana kadar karıştırın.

2. Somon karışımını 5 dakika bekletin.

3. Somon karışımını alın ve ellerinizi kullanarak dört ½ inç kalınlığında köfteler oluşturun.

4. Avokado yağını büyük bir tavada orta ateşte ısıtın. Köfteleri sıcak tavaya ekleyin ve hafifçe kızarana ve pişene kadar her iki tarafını 4 ila 5 dakika pişirin.

5. Ateşten alın ve bir tabağa servis edin.

Beslenme bilgisi:kalori: 248; yağ: 13.4g; proteinler: 28.4g; karbonhidratlar: 4.1g

; lif: 2,0 gr; şeker: 2,0 gr; sodyum: 443 mg

Patlamış mısır karidesinin porsiyonları: 4

Pişirme süresi: 10 dakika

İçindekiler:

½ çay kaşığı soğan tozu

½ çay kaşığı sarımsak tozu

½ çay kaşığı kırmızı biber

¼ çay kaşığı öğütülmüş hardal

⅛ çay kaşığı kuru adaçayı

⅛ çay kaşığı öğütülmüş kekik

⅛ çay kaşığı kurutulmuş kekik

⅛ çay kaşığı kuru fesleğen

zevkinize biber

3 yemek kaşığı mısır nişastası

1 lb karides, soyulmuş ve kabuğu çıkarılmış

Pişirme spreyi

Talimatlar:

1. Karides hariç tüm malzemeleri bir kapta karıştırın.

2. Karidesleri karışımla kaplayın.

3. Fritöz sepetine yağ püskürtün.

4. Fritözünüzü önceden 390 derece F'ye ısıtın.

5. İçine karidesleri ekleyin.

6. Havada 4 dakika kızartın.

7. Sepeti sallayın.

8. 5 dakika daha pişirin.

Baharatlı fırında balık Porsiyon: 5

İçindekiler:

1 çorba kaşığı. zeytin yağı

1 çay kaşığı baharat tuzsuz baharat

1 kilo somon fileto

Talimatlar:

1. Fırını 350F'ye ısıtın.

2. Balığa zeytinyağı ve baharat serpin.

3. Kapaksız 15 dakika pişirin.

4. Dilimleyin ve servis yapın.

Beslenme bilgisi:Kalori: 192, Yağ: 11 gr, Karbonhidrat: 14,9 gr, Protein: 33,1 gr, Şeker: 0,3 gr, Sodyum: 505 6 mg

Ton balıklı kırmızı biber Porsiyon: 4

İçindekiler:

½ çay kaşığı toz biber

2 çay kaşığı tatlı biber

¼ çay kaşığı karabiber

2 kaşık. zeytin yağı

4 kemiksiz ton balığı biftek

Talimatlar:

1. Bir tavayı orta ateşte sıvı yağ ile ısıtın, ton balığı bifteklerini ekleyin, kırmızı biber, karabiber ve toz kırmızı biberle çeşnilendirin, her iki tarafını 5 dakika pişirin, tabaklara paylaştırın ve salata ile servis yapın.

Beslenme bilgisi:Kalori: 455, Yağ: 20,6 gr, Karbonhidrat: 0,8 gr, Protein: 63,8 g, Şekerler: 7,4 g, Sodyum: 411 mg

Balık köftesi Porsiyonlar: 2

Pişirme süresi: 7 dakika

İçindekiler:

8 oz. çarşaflarda beyaz balık filetosu

tatmak için sarımsak tozu

1 çay kaşığı limon suyu

Talimatlar:

1. Fritözünüzü önceden 390 derece F'ye ısıtın.

2. Tüm malzemeleri birleştirin.

3. Karışımdan köfteler oluşturun.

4. Balık köftelerini fritöze koyun.

5. 7 dakika pişirin.

Ballı fırında deniz tarağı Porsiyonlar: 4

Pişirme süresi: 15 dakika

İçindekiler:

454 gr deniz tarağı, durulanmış ve kurumuş Dash Deniz Tuzu

Taze çekilmiş karabiber ile ovun

2 yemek kaşığı avokado yağı

¼ su bardağı çiğ bal

3 yemek kaşığı hindistancevizi amino asitleri

1 yemek kaşığı elma sirkesi

2 diş sarımsak, kıyılmış

Talimatlar:

1. Deniz tarağı, deniz tuzu ve karabiberi kaseye ekleyin ve iyice kaplanana kadar karıştırın.

2. Büyük bir tavada avokado yağını orta ateşte ısıtın.

3. Deniz taraklarını her iki tarafta 2 ila 3 dakika veya süt beyazı veya opak ve sert hale gelene kadar kızartın.

4. Deniz taraklarını ocaktan alıp bir tabağa alın ve sıcak kalmaları için gevşek bir şekilde folyoya sarın. Kenara koyun.

5. Tavaya bal, hindistancevizi amino asitleri, sirke ve sarımsağı ekleyin ve iyice karıştırın.

6. Kaynatın ve ara sıra karıştırarak sıvı azalana kadar yaklaşık 7 dakika pişirin.

7. Kızarmış deniz taraklarını sırla kaplamak için karıştırarak tavaya geri koyun.

8. Deniz taraklarını dört tabağa dizin ve sıcak servis yapın.

<u>Beslenme bilgisi:</u>kalori: 382; yağ: 18.9g; proteinler: 21.2g; karbonhidratlar: 26.1g; lif: 1,0 gr; şeker: 17.7g; sodyum: 496 mg

Shiitake mantarlı morina filetosu Porsiyon: 4

Pişirme süresi: 15 ila 18 dakika

İçindekiler:

1 diş sarımsak, kıyılmış

1 pırasa ince dilimler halinde kesilmiş

1 çay kaşığı öğütülmüş taze zencefil kökü

1 yemek kaşığı zeytinyağı

½ bardak sek beyaz şarap

½ su bardağı dilimlenmiş shiitake mantarı

4 (6 ons / 170 gr) morina filetosu

1 çay kaşığı deniz tuzu

⅛ çay kaşığı taze çekilmiş karabiber

Talimatlar:

1. Fırını 375ºF'ye (190ºC) ısıtın.

2. Sarımsak, pırasa, zencefil kökü, şarap, zeytinyağı ve mantarları bir kızartma tavasında birleştirin ve mantarlar eşit şekilde kaplanana kadar karıştırın.

3. Önceden ısıtılmış fırında 10 dakika hafifçe kızarana kadar pişirin.

4. Tavayı fırından çıkarın. Morina filetolarını en üste dizin ve deniz tuzu ve karabiberle tatlandırın.

5. Üzerini alüminyum folyo ile kapatın ve tekrar fırına verin. 5 ila 8 arası pişirin

dakika veya balık pul pul olana kadar.

6. Alüminyum folyoyu çıkarın ve servis yapmadan önce 5 dakika soğutun.

<u>Beslenme bilgisi:</u>kalori: 166; yağ: 6.9g; proteinler: 21.2g; karbonhidratlar: 4.8g; lif: 1,0 gr; şeker: 1,0 gr; sodyum: 857 mg

Fırında levrek Porsiyon: 2

İçindekiler:

1 çay kaşığı kıyılmış sarımsak

öğütülmüş karabiber

1 çorba kaşığı. limon suyu

8 oz. beyaz levrek filetosu

¼ çay kaşığı tuzsuz, tuzsuz baharat karışımı

Talimatlar:

1. Piliçleri önceden ısıtın ve rafı ısı kaynağından 4 inç uzağa yerleştirin.

2. Pişirme kabına hafifçe pişirme spreyi sıkın. Filetoları tavaya yerleştirin. Filetoları limon suyu, sarımsak, otlar ve karabiber serpin.

3. Balık bir bıçağın ucuyla test edildiğinde tamamen opak hale gelene kadar yaklaşık 8 ila 10 dakika pişirin.

4. Hemen servis yapın.

Beslenme bilgisi:Kalori: 114, Yağ: 2 gr, Karbonhidrat: 2 gr, Protein: 21 gr, Şeker: 0,5 gr, Sodyum: 78 mg

Fırında domatesli berlam balığı Porsiyon: 4-5

İçindekiler:

½ c. domates sosu

1 çorba kaşığı. zeytin yağı

Maydanoz

2 adet dilimlenmiş domates

½ c. rendelenmiş peynir

4 libre kemikli ve dilimlenmiş berlam balığı

Tuz.

Talimatlar:

1. Fırını 400 0F'ye ısıtın.

2. Balığı tuzlayın.

3. Serpa veya serpa olarak; Balıkları zeytinyağında yarı pişene kadar kızartın.

4. Balığın üzerini örtmek için dört folyo alın.

5. Folyoyu kaplara benzeyecek şekilde şekillendirin; her folyo kabına domates sosu ekleyin.

6. Balıkları, domates dilimlerini ekleyin ve rendelenmiş peynir serpin.

7. Altın bir kabuk elde edene kadar pişirin, yaklaşık 20-25 dakika.

8. Paketleri açın ve üzerine maydanoz serpin.

Beslenme bilgisi:Kalori: 265, Yağ: 15 gr, Karbonhidrat: 18 gr, Protein: 22 gr, Şeker: 0,5 gr, Sodyum: 94,6 mg

Pancarlı fırında çörek Porsiyon: 4

Pişirme süresi: 30 dakika

İçindekiler:

8 pancar, soyulmuş ve sekize bölünmüş

2 arpacık soğan, ince dilimlenmiş

2 yemek kaşığı elma sirkesi

2 yemek kaşığı zeytinyağı, bölünmüş

Bir şişede 1 çay kaşığı kıyılmış sarımsak

1 çay kaşığı kıyılmış taze kekik

Bir tutam deniz tuzu

4 (5 ons / 142 g) bahka filetosu, kurulayınTalimatlar:

1. Fırını 205ºC'ye (400ºF) ısıtın.

2. Orta boy bir kapta pancar, arpacık soğanı, sirke, 1 yemek kaşığı zeytinyağı, sarımsak, kekik ve deniz tuzunu birleştirin ve iyice kaplayın.

Pancar karışımını bir fırın tepsisine yayın.

3. Önceden ısıtılmış fırında yaklaşık 30 dakika, bir veya iki kez spatula ile çevirerek veya pancarlar yumuşayana kadar pişirin.

4. Bu arada kalan 1 çorba kaşığı zeytinyağını büyük bir tavada orta ateşte ısıtın.

5. Mezgit balığını ekleyin ve her iki tarafını 4 ila 5 dakika veya et opak hale gelene ve kolayca parçalanana kadar kavurun.

6. Balığı bir tabağa alın ve üzerine kavrulmuş pancar serperek servis yapın.

Beslenme bilgisi: kalori: 343; yağ: 8.8g; proteinler: 38.1g; karbonhidratlar: 20.9g

; lif: 4,0 gr; şeker: 11,5 gr; sodyum: 540 mg

Doyurucu kurutulmuş ton balığı Porsiyon: 4

İçindekiler:

3 ons rendelenmiş yağı azaltılmış çedar peyniri

1/3 c. doğranmış kereviz

Karabiber ve tuz

¼ c. doğranmış soğan

2 tam tahıllı İngiliz çöreği

6 oz. süzülmüş albacore ton balığı

¼ c. az yağlı rusça

Talimatlar:

1. Piliçleri ısıtın. Ton balığı, kereviz, soğan ve salata sosunu karıştırın.

2. Tuz ve karabiber ekleyin.

3. İngiliz çöreğinin yarısını kızartın.

4. Kesilmiş tarafı aşağı gelecek şekilde bir fırın tepsisine yerleştirin ve her birini ton balıklı karışımın 1/4'ü ile doldurun.

5. 2-3 dakika veya iyice ısınana kadar pişirin.

6. Üzerine peynir serpin ve peynir yaklaşık 1 dakika daha eriyene kadar pişirmeye geri dönün.

Beslenme bilgisi:Kalori: 320, Yağ: 16,7 gr, Karbonhidrat: 17,1 gr, Protein: 25,7

g, şekerler: 5,85 g, sodyum: 832 mg

Kaffir limonlu limonlu somon Porsiyon: 8

İçindekiler:

1 dörde bölünmüş ve ezilmiş limon otu sapı

2 yırtık kaffir misket limonu yaprağı

1 ince dilimlenmiş limon

1 ½ c. taze kişniş yaprakları

Yanında 1 bütün somon fileto

Talimatlar:

1. Fırını 350°F'ye ısıtın.

2. Fırın tepsisini kenarları üst üste gelecek şekilde folyo ile kaplayın. 3. Somonu folyoya koyun, üzerine limon, ıhlamur yaprakları, limon otu ve 1 su bardağı kişniş yaprağı ekleyin. Seçenek: tuz ve karabiber ekleyin.

4. Contayı katlamadan önce folyonun uzun kenarını ortaya yaklaştırın.

Somonu kapatmak için uçlarını yuvarlayın.

5. 30 dakika pişirin.

6. Pişen balıkları tepsiye alın. Taze kişniş ile süsleyin.

Beyaz veya kahverengi pirinçle servis yapın.

Beslenme bilgisi:Kalori: 103, Yağ: 11,8 gr, Karbonhidrat: 43,5 gr, Protein: 18 gr, Şeker: 0,7 gr, Sodyum: 322 mg

Hardal soslu yumuşak somon Porsiyon: 2

İçindekiler:

5 kaşık. öğütülmüş dereotu

2/3 c. Ekşi krema

Biber.

2 kaşık. Dijon hardalı

1 çay kaşığı sarımsak tozu

5 ons somon fileto

2-3 yemek kaşığı. Limon suyu

Talimatlar:

1. Ekşi krema, hardal, limon suyu ve dereotu karıştırın.

2. Filetoları biber ve sarımsak tozu ile tatlandırın.

3. Somonları derileri alta gelecek şekilde tepsiye dizin ve üzerine hazırladığınız hardal sosu gezdirin.

4. 390°F'de 20 dakika pişirin.

Beslenme bilgisi:Kalori: 318, Yağ: 12 gr, Karbonhidrat: 8 gr, Protein: 40,9 gr, Şeker: 909,4 gr, Sodyum: 1,4 mg

Yengeç salatası Porsiyon: 4

İçindekiler:

2 c. Yengeç eti

1 ç. ikiye bölünmüş kiraz domates

1 çorba kaşığı. zeytin yağı

Karabiber

1 doğranmış arpacık

1/3 c. Kıyılmış silantro

1 çorba kaşığı. limon suyu

Talimatlar:

1. Yengeçleri domates ve diğer malzemelerle bir kapta karıştırıp servis yapın.

Beslenme bilgisi:Kalori: 54, Yağ: 3,9 gr, Karbonhidrat: 2,6 gr, Protein: 2,3 gr, Şeker: 2,3 gr, Sodyum: 462,5 mg

Miso soslu fırında somon Porsiyon: 4

Pişirme süresi: 15 ila 20 dakika

İçindekiler:

Sos:

¼ fincan elma şarabı

¼ fincan beyaz miso

1 yemek kaşığı zeytinyağı

1 yemek kaşığı beyaz pirinç sirkesi

⅛ çay kaşığı öğütülmüş zencefil

4 (3 ila 4 ons / 85 ila 113 g) kemiksiz somon fileto 1 yeşil soğan, dilimlenmiş, süsleme için

Garnitür için ⅛ çay kaşığı kırmızı biber gevreği

Talimatlar:

1. Fırını 375ºF'ye (190ºC) ısıtın.

2. Sosu hazırlayın: Küçük bir kapta elma şarabı, beyaz miso, zeytinyağı, pirinç sirkesi ve zencefili çırpın. Daha ince bir karışım istiyorsanız biraz su ekleyin.

3. Somon filetolarını derileri aşağı bakacak şekilde tavaya yerleştirin. Hazırladığınız sosu filetoyu eşit şekilde kaplayacak şekilde üzerine gezdirin.

4. Önceden ısıtılmış fırında 15 ila 20 dakika veya balık bir çatalla kolayca parçalanana kadar pişirin.

5. Üzerini dilimlenmiş taze soğan ve kırmızı biber yapraklarıyla süsleyip servis yapın.

<u>Beslenme bilgisi:</u>kalori: 466; yağ: 18.4g; proteinler: 67.5g; karbonhidratlar: 9.1g

; lif: 1,0 gr; şeker: 2.7g; sodyum: 819 mg

Otlarla kaplanmış ballı pişmiş morina

Porsiyonlar: 2

İçindekiler:

6 yemek kaşığı. Otların tadıyla doldurma

8 oz. morina filetosu

2 kaşık. Bal

Talimatlar:

1. Fırını 375 0F'ye ısıtın.

2. Pişirme kabına hafifçe pişirme spreyi sıkın.

3. Ot tadındaki dolguyu bir poşete koyun ve kapatın. Dolguyu ufalanana kadar ezin.

4. Balığı balla kaplayın ve balın geri kalanından kurtulun.

Doldurma torbasına bir fileto ekleyin ve balığı tamamen kaplamak için hafifçe sallayın.

5. Morina balığını tavaya aktarın ve işlemi diğer balıklar için tekrarlayın.

6. Filetoları folyoya sarın ve bir bıçağın ucuyla test edildiğinde sert ve opak hale gelinceye kadar yaklaşık on dakika pişirin.

7. Sıcak servis yapın.

Beslenme bilgisi: Kalori: 185, Yağ: 1 gr, Karbonhidrat: 23 gr, Protein: 21 gr, Şeker: 2 gr, Sodyum: 144,3 mg

Parmesan morina karışımı Porsiyon: 4

İçindekiler:

1 çorba kaşığı. limon suyu

½ c. doğranmış yeşil soğan

4 kemiksiz morina filetosu

3 diş kıyılmış sarımsak

1 çorba kaşığı. zeytin yağı

½ c. doğranmış az yağlı parmesan

Talimatlar:

1. Bir tavayı orta ateşte yağ ile ısıtın, sarımsak ve taze soğanı ekleyin, karıştırın ve 5 dakika soteleyin.

2. Balığı ekleyin ve her iki tarafını da 4'er dakika pişirin.

3. Limon suyunu ekleyin, üzerine Parmesan serpin, her şeyi 2 dakika daha pişirin, tabaklara bölün ve servis yapın.

Beslenme bilgisi:Kalori: 275, Yağ: 22,1 g, Karbonhidrat: 18,2 g, Protein: 12 g, Şeker: 0,34 g, Sodyum: 285,4 mg

Sarımsaklı çıtır karides Porsiyon: 4

Pişirme süresi: 10 dakika

İçindekiler:

1 lb karides, soyulmuş ve kabuğu çıkarılmış

2 çay kaşığı sarımsak tozu

zevkinize biber

¼ su bardağı un

Pişirme spreyi

Talimatlar:

1. Karidesleri sarımsak tozu ve karabiberle tatlandırın.

2. Unlamak.

3. Fritöz sepetinize yağ püskürtün.

4. Karidesleri fritöz sepetine ekleyin.

5. 400 derece F'de 10 dakika pişirin, yarı yolda bir kez çalkalayın.

Kremalı levrek karışımı Porsiyon: 4

İçindekiler:

1 çorba kaşığı. kıyılmış maydanoz

2 kaşık. Avokado yağı

1 ç. Hindistan cevizi kreması

1 çorba kaşığı. misket limonu suyu

1 doğranmış sarı soğan

¼ çay kaşığı karabiber

4 adet kemiksiz levrek filetosu

Talimatlar:

1. Bir tavayı orta ateşte yağ ile ısıtın, soğanı ekleyin, karıştırın ve 2 dakika soteleyin.

2. Balığı ekleyin ve her iki tarafını da 4'er dakika pişirin.

3. Diğer malzemeleri ekleyin, her şeyi 4 dakika daha pişirin, tabaklara bölün ve servis yapın.

Beslenme bilgisi:Kalori: 283, Yağ: 12,3 gr, Karbonhidrat: 12,5 gr, Protein: 8 gr, Şeker: 6 gr, Sodyum: 508,8 mg

Salatalık Ahi Poke Porsiyon: 4

Pişirme süresi: 0 dakika

İçindekiler:

Ahi Poke:

454 gr suşi için ahi ton balığı, 1 inçlik küpler halinde kesilmiş 3 yemek kaşığı hindistancevizi aminosu

3 taze soğan, ince dilimlenmiş

1 serrano şili, çekirdeği çıkarılmış ve kıyılmış (isteğe bağlı) 1 çay kaşığı zeytinyağı

1 çay kaşığı pirinç sirkesi

1 çay kaşığı kavrulmuş susam

Öğütülmüş zencefili ovun

1 büyük avokado, doğranmış

½ inç kalınlığında halkalar halinde dilimlenmiş 1 salatalıkTalimatlar:

1. Ahi poke yapın: Ahi ton balığı küplerini hindistancevizi aminoları, yeşil soğan, serrano chiles (isteğe bağlı), zeytinyağı, sirke, susam ve zencefil ile büyük bir kaseye atın.

2. Kâseyi streç filmle kapatın ve buzdolabında 15 dakika marine edin.

dakika.

3. Doğranmış avokadoyu ahi poke kasesine ekleyin ve birleştirmek için karıştırın.

4. Salatalık halkalarını servis tabağına dizin. Ahiyi salatalığın üzerine gezdirip servis yapın.

Beslenme bilgisi:kalori: 213; yağ: 15.1g; proteinler: 10.1g; karbonhidratlar: 10.8g; lif: 4,0 gr; şeker: 0.6g; sodyum: 70 mg

Minty Cod Karışımı Porsiyon: 4

İçindekiler:

4 kemiksiz morina filetosu

½ c. düşük sodyumlu tavuk suyu

2 kaşık. zeytin yağı

¼ çay kaşığı karabiber

1 çorba kaşığı. doğranmış nane

1 çay kaşığı rendelenmiş limon kabuğu

¼ c. kıyılmış arpacık

1 çorba kaşığı. limon suyu

Talimatlar:

1. Bir tavayı orta ateşte yağ ile ısıtın, arpacık soğanlarını ekleyin, karıştırın ve 5 dakika soteleyin.

2. Morina, limon suyu ve diğer malzemeleri ekleyin, kaynatın ve orta ateşte 12 dakika pişirin.

3. Her şeyi tabaklara yerleştirin ve servis yapın.

Beslenme bilgisi:Kalori: 160, Yağ: 8,1 gr, Karbonhidrat: 2 gr, Protein: 20,5 gr, Şeker: 8 gr, Sodyum: 45 mg

Limon ve kremalı tilapia Porsiyon: 4

İçindekiler:

2 kaşık. Kıyılmış taze kişniş

¼ c. az yağlı mayonez

Taze çekilmiş karabiber

¼ c. taze limon suyu

4 tilapia filetosu

½ c. rendelenmiş az yağlı parmesan

½ çay kaşığı sarımsak tozu

Talimatlar:

1. Bir kapta, tilapia filetosu ve kişniş dışındaki tüm malzemeleri karıştırın.

2. Filetoları mayonez karışımıyla eşit şekilde kaplayın.

3. Filetoları büyük bir folyo tabakasına yerleştirin. Filetoları mühürlemek için folyoyu etrafına sarın.

4. Folyoyu büyük bir tencerenin tabanına yerleştirin.

5. Ocağı düşük seviyeye getirin.

6. Örtün ve 3-4 saat pişirin.

7. Kişniş ile süsleyerek servis yapın.

Beslenme bilgisi:Kalori: 133,6, Yağ: 2,4 gr, Karbonhidrat: 4,6 gr, Protein: 22 gr, Şeker: 0,9 gr, Sodyum: 510,4 mg

Balık takolarının porsiyonları: 4

Pişirme süresi: 20 dakika

İçindekiler:

Pişirme spreyi

1 yemek kaşığı zeytinyağı

4 bardak lahana

1 yemek kaşığı elma sirkesi

1 yemek kaşığı limon suyu

Bir tutam acı biber

zevkinize biber

2 yemek kaşığı taco baharat karışımı

¼ bardak çok amaçlı un

1 pound morina filetosu, küp şeklinde kesilmiş

4 mısır ekmeği

Talimatlar:

1. Fritözünüzü önceden 400 derece F'ye ısıtın.

2. Fritöz sepetinize yağ püskürtün.

3. Bir kapta zeytinyağı, lahana, sirke, limon suyu, kırmızı biber ve karabiberi karıştırın.

4. Başka bir kapta taco çeşnisini ve unu karıştırın.

5. Balık küplerini taco baharat karışımıyla kaplayın.

6. Bunları fritöz sepetine ekleyin.

7. Havada 10 dakika kızartın, yarısında sallayın.

8. Balık ve lahana karışımını mısır tortillalarının üzerine dökün ve sarın.

Zencefilli levrek karışımı Porsiyon: 4

İçindekiler:

4 adet kemiksiz levrek filetosu

2 kaşık. zeytin yağı

1 çay kaşığı rendelenmiş zencefil

1 çorba kaşığı. Kıyılmış silantro

Karabiber

1 çorba kaşığı. balzamik sirke

Talimatlar:

1. Bir tavayı orta ateşte yağ ile ısıtın, balıkları ekleyin ve her iki tarafını da 5'er dakika pişirin.

2. Kalan malzemeleri ekleyin, her şeyi 5 dakika daha pişirin, tabaklara bölün ve servis yapın.

Beslenme bilgisi:Kalori: 267, Yağ: 11,2 gr, Karbonhidrat: 1,5 gr, Protein: 23 gr, Şeker: 0,78 gr, Sodyum: 321,2 mg

Hindistan cevizi karides Porsiyon: 4

Pişirme süresi: 6 dakika

İçindekiler:

2 yumurta

1 su bardağı şekersiz kurutulmuş hindistan cevizi

¼ bardak hindistan cevizi unu

¼ çay kaşığı kırmızı biber

Bir tutam acı biber

½ çay kaşığı deniz tuzu

Taze çekilmiş karabiber ile ovun

¼ bardak hindistan cevizi yağı

1 pound (454 gr) çiğ karides, soyulmuş, kabuğu çıkarılmış ve kurutulmuş<u>Talimatlar:</u>

1. Yumurtaları küçük, sığ bir kapta köpürene kadar çırpın. Kenara koyun.

2. Ayrı bir kapta hindistan cevizi, hindistan cevizi unu, kırmızı biber, kırmızı biber, deniz tuzu ve karabiberi birleştirin ve iyice karışana kadar karıştırın.

3. Karidesleri çırpılmış yumurtalara karıştırın ve ardından hindistancevizi karışımıyla kaplayın. Fazlalıkları silkeleyin.

4. Hindistan cevizi yağını büyük bir tavada orta ateşte ısıtın.

5. Karidesleri ekleyin ve ara sıra karıştırarak veya et tamamen pembe ve opak hale gelene kadar 3 ila 6 dakika pişirin.

6. Pişen karidesleri kağıt havlu serili bir tabağa alıp suyunu süzdürün. Sıcak servis yapın.

Beslenme bilgisi: kalori: 278; yağ: 1.9g; proteinler: 19.2g; karbonhidratlar: 5.8g; lif: 3.1g; şeker: 2.3g; sodyum: 556 mg

Hindistan cevizi kabaklı domuz eti Porsiyon: 4

Pişirme süresi: 35 dakika

İçindekiler:

1 pound domuz güveç eti, doğranmış

1 balkabagi, soyulmuş ve doğranmış

1 sarı soğan doğranmış

2 yemek kaşığı zeytinyağı

2 diş sarımsak, kıyılmış

½ çay kaşığı garam masala

½ çay kaşığı öğütülmüş hindistan cevizi

1 çay kaşığı pul biber, ezilmiş

1 yemek kaşığı balzamik sirke

Bir tutam deniz tuzu ve karabiber

Talimatlar:

1. Bir tavayı orta ateşte yağ ile ısıtın, soğan ve sarımsağı ekleyin ve 5 dakika soteleyin.

2. Eti ekleyin ve 5 dakika daha kızartın.

3. Diğer malzemeleri ekleyin, karıştırın, orta ateşte 25 dakika pişirin, tabaklara paylaştırın ve servis yapın.

Beslenme bilgisi:kalori 348, yağ 18.2, lif 2.1, karbonhidratlar 11.4, protein 34.3

Cheddar ve bıçaklı sufle Porsiyon: 8

Pişirme süresi: 25 dakika

İçindekiler:

½ su bardağı badem unu

¼ fincan kıyılmış frenk soğanı

1 çay kaşığı tuz

½ çay kaşığı ksantan sakızı

1 çay kaşığı öğütülmüş hardal

¼ çay kaşığı acı biber

½ çay kaşığı öğütülmüş karabiber

¾ fincan ağır krema

2 su bardağı rendelenmiş çedar peyniri

½ su bardağı kabartma tozu

6 organik yumurta, ayrılmış

Talimatlar:

1. Fırını açın, ardından sıcaklığı 350°F'ye ayarlayın ve ısınmasına izin verin.

2. Orta boy bir kase alın, içine unu ekleyin, kabartma tozu ve yumurta hariç kalan malzemeleri ekleyin ve birleşene kadar karıştırın.

3. Yumurta sarılarını ve beyazlarını iki kaba ayırın, yumurta sarılarını unlu karışıma ekleyin ve karışana kadar karıştırın.

4. Yumurta aklarına kabartma tozunu ekleyin ve sert tepeler oluşana kadar elektrikli karıştırıcı ile çırpın, ardından yumurta aklarını iyice karışana kadar un karışımına ekleyin.

5. Hamuru sekiz kaba eşit şekilde bölün ve pişene kadar 25 dakika pişirin.

6. Hemen servis yapın veya yemeye hazır olana kadar buzdolabında saklayın.

<u>Beslenme bilgisi:</u>Kalori 288, toplam yağ 21 gr, toplam karbonhidrat 3 gr, protein 14 gr

Vanilya ve badem sütü ile karabuğday krep

Porsiyon: 1

İçindekiler:

½ c. şekersiz vanilyalı badem sütü

2-4 paket doğal tatlandırıcı

1/8 çay kaşığı tuz

½ su bardağı karabuğday unu

½ çay kaşığı çift kabartma tozu

Talimatlar:

1. Yapışmaz bir gözleme ızgarası hazırlayın ve üzerine pişirme spreyi sıkın ve orta ateşte ısıtın.

2. Karabuğday unu, tuz, kabartma tozu ve stevia'yı küçük bir kapta karıştırın ve ardından badem sütünü ekleyin.

3. Hamuru büyük bir kaşıkla tavaya alın, yüzeyde kabarcıklar çıkmayana ve tüm yüzey kuru görünene kadar pişirin (2-4 dakika). Çevirin ve 2-4 dakika daha pişirin. Kalan tüm hamurla tekrarlayın.

Beslenme bilgisi:Kalori: 240, Yağ: 4,5 gr, Karbonhidrat: 2 gr, Protein: 11 gr, Şeker: 17 gr, Sodyum: 67 mg

Bir bardak ıspanak ve beyaz yumurta Porsiyon: 3

Pişirme süresi: 25 dakika

İçindekiler:

Yumurtalar, büyük - 6

Karabiber, öğütülmüş - 0.125 çay kaşığı

Soğan tozu - 0.25 çay kaşığı

Sarımsak tozu - 0.25 çay kaşığı

Beyaz peynir - 0,33 su bardağı

Genç ıspanak - 1,5 su bardağı

Deniz tuzu - 0.25 çay kaşığı

Talimatlar:

1. Fırını 350 Fahrenheit dereceye ısıtın, fırının ortasına bir raf yerleştirin ve bir muffin kalıbını yağlayın.

2. Minik ıspanağınızı ve beyaz peyniri on iki muffin kalıbının dibine paylaştırın.

3. Bir kasede yumurtaları, deniz tuzunu, sarımsak tozunu, soğan tozunu ve karabiberi yumurta akı tamamen sarıya karışana kadar karıştırın. Yumurtayı muffin kalıplarındaki ıspanak ve peynirin üzerine dökün ve kalıpların dörtte üçünü doldurun. Pişirme kabını, yumurtalar tamamen pişene kadar yaklaşık on sekiz ila yirmi dakika fırına koyun.

4. Ispanak ve beyaz yumurta kaplarını fırından çıkarın ve sıcak olarak servis edin veya soğutmadan önce yumurtaların oda sıcaklığında tamamen soğumasını bekleyin.

Kahvaltılık Frittata Porsiyon: 2

Pişirme süresi: 20 dakika

İçindekiler:

1 soğan doğranmış

2 yemek kaşığı doğranmış kırmızı biber

¼ lb hindi kahvaltı sosisi, pişmiş ve ufalanmış 3 çırpılmış yumurta

Bir tutam acı biber

Talimatlar:

1. Tüm malzemeleri bir kapta karıştırın.

2. Küçük bir tavaya dökün.

3. Pişirme kabını fritöz sepetine ekleyin.

4. Fritözde 20 dakika pişirin.

Tavuk ve Quinoa Börek Kase Porsiyon: 6

Pişirme süresi: 5 saat

İçindekiler:

1 lb tavuk budu (derisiz, kemiksiz)

1 su bardağı tavuk suyu

1 kutu doğranmış domates (14.5 oz)

1 soğan (doğranmış)

3 diş sarımsak (doğranmış)

2 çay kaşığı toz biber

½ çay kaşığı kişniş

½ çay kaşığı sarımsak tozu

1 dolmalık biber (ince kıyılmış)

15 oz barbunya fasulyesi (süzülmüş)

1 ½ su bardağı kaşar peyniri (rendelenmiş)

Talimatlar:

1. Tavuk, domates, et suyu, soğan, sarımsak, pul biber, sarımsak tozu, kişniş ve tuzu karıştırın. Su ısıtıcısını kısık ateşe koyun.

2. Tavuğu çıkarın ve çatal ve bıçakla parçalara ayırın.

3. Tavuğu tekrar yavaş pişiriciye koyun ve kinoa ile barbunyayı ekleyin.

4. Su ısıtıcısını 2 saat kısık ateşte tutun.

5. Üzerine peyniri ekleyin ve peynir eriyene kadar hafif karıştırarak pişirmeye devam edin.

6. Servis yapın.

<u>Beslenme bilgisi:</u>Kalori 144 mg Toplam Yağ: 39 gr Karbonhidrat: 68 gr Protein: 59 gr Şeker: 8 gr Lif 17 gr Sodyum: 756 mg Kolesterol: 144 mg

Yumurtalı tosttan kaçının Porsiyon: 3

Pişirme süresi: 0 dakika

İçindekiler:

1½ çay kaşığı tereyağı

1 dilim ekmek, glütensiz ve kızarmış

½ avokado, ince dilimlenmiş

bir avuç ıspanak

1 çırpılmış veya haşlanmış yumurta

biraz kırmızı biber

Talimatlar:

1. Kızarmış ekmeğin üzerine tereyağı sürün. Üzerine avokado dilimlerini ve ıspanak yapraklarını yerleştirin. Üzerine çırpılmış veya haşlanmış yumurta koyun. Üzerine pul biber serperek süslemeyi tamamlayın.

Beslenme bilgisi:Kalori 540 Yağ: 18 gr Protein: 27 gr Sodyum: 25 mg Toplam karbonhidrat: 73,5 gr Diyet lifi: 6 gr

Yulaf badem porsiyonları: 2

Pişirme süresi: 0 dakika

İçindekiler:

1 su bardağı eski moda yulaf

½ bardak hindistan cevizi sütü

1 yemek kaşığı akçaağaç şurubu

¼ fincan yaban mersini

3 yemek kaşığı kıyılmış badem

Talimatlar:

1. Bir kapta yulafı hindistan cevizi sütü, akçaağaç şurubu ve bademle karıştırın. Örtün ve bir gece bırakın. Ertesi gün servis yapın.

2. Keyfini çıkarın!

Beslenme bilgisi: kalori 255, yağ 9, lif 6, karbonhidrat 39, protein 7

Choco-nana krep Porsiyon: 2

Pişirme süresi: 6 dakika

İçindekiler:

2 büyük muz, soyulmuş ve ezilmiş

2 büyük, merada yetiştirilen yumurta

3 yemek kaşığı toz kakao

2 yemek kaşığı badem ezmesi

1 çay kaşığı saf vanilya özü

1/8 çay kaşığı tuz

Yağlama için hindistancevizi yağı

Talimatlar:

1. Bir tavayı orta-düşük sıcaklıkta ısıtın ve tavayı hindistancevizi yağıyla yağlayın.

2. Tüm malzemeleri mutfak robotuna koyun ve pürüzsüz olana kadar karıştırın.

3. Hamuru (yaklaşık ¼ fincan) tavaya dökün ve gözleme yapın.

4. Her iki tarafını da 3'er dakika pişirin.

Beslenme bilgisi:Kalori 303 Toplam Yağ 17 gr Doymuş Yağ 4 gr Toplam Karbonhidrat 36 gr Net Karbonhidrat 29 gr Protein 5 gr Şeker: 15 gr Lif: 5 gr Sodyum: 108 mg Potasyum 549 mg

Tatlı patates yulaf çubukları Porsiyon: 6

Pişirme süresi: 35 dakika

İçindekiler:

Tatlı patates, haşlanmış, ezilmiş - 1 su bardağı

Badem sütü, şekersiz - 0,75 su bardağı

Yumurta - 1

Hurma ezmesi - 1,5 yemek kaşığı

vanilya özü - 1,5 çay kaşığı

Kabartma tozu - 1 çay kaşığı

Tarçın, öğütülmüş - 1 çay kaşığı

Karanfil, öğütülmüş - 0.25 çay kaşığı

Öğütülmüş hindistan cevizi - 0,5 çay kaşığı

Zencefil, öğütülmüş - 0,5 çay kaşığı

keten tohumu, öğütülmüş - 2 yemek kaşığı

Protein tozu - 1 kısım

Hindistan cevizi unu - 0,25 su bardağı

yulaf ezmesi - 1 su bardağı

Kurutulmuş hindistan cevizi, şekersiz - 0,25 su bardağı

Cevizler, kıyılmış - 0,25 su bardağı

Talimatlar:

1. Fırını 375 Fahrenheit dereceye ısıtın ve sekize sekiz inç kare bir fırın tepsisini parşömen kağıdı ile kaplayın. Fayanslar bittikten sonra yükselen tavanın kenarlarında biraz parşömen kağıdı bırakmak istiyorsunuz.

2. Kurutulmuş hindistancevizi ve kıyılmış cevizler dışında tatlı patates yulaf çubukları için tüm malzemeleri bağımsız karıştırıcınıza ekleyin.

Karışım pürüzsüz olana kadar karışımın birkaç dakika atmasına izin verin ve ardından karıştırıcıyı durdurun. Karıştırıcının kenarlarını sıyırmanız ve ardından tekrar karıştırmanız gerekebilir.

3. Hindistan cevizi ve cevizleri hamurun içine dökün ve ardından bir spatula ile karıştırın. Bu parçaların karışmasını istemediğiniz için karışımı tekrar karıştırmayın. Tatlı patates yulaf bar karışımını hazırlanan tabağa dökün ve yayın.

4. Tatlı patates yulaf çubuklarından oluşan tepsinizi fırının ortasına yerleştirin ve çubuklar yaklaşık yirmi iki katı olana kadar pişmesine izin verin.

yirmi beş dakikaya kadar. Tavayı fırından çıkarın. Fırın tepsisinin yanına bir tel soğutma rafı yerleştirin, ardından parşömen kağıdını yavaşça kavrayın ve soğuması için tepsiden rafın üzerine dikkatlice kaldırın. Dilimlemeden önce tatlı patates yulaf çubuklarının tamamen soğumasını bekleyin.

Kolay Peasy Hash Browns Porsiyon: 3

Pişirme süresi: 35 dakika

İçindekiler:

Ezilmiş Kurabiye, Dondurulmuş - 1 pound

yumurta - 2

Deniz tuzu - 0,5 çay kaşığı

Sarımsak tozu - 0,5 çay kaşığı

Soğan tozu - 0,5 çay kaşığı

Karabiber, öğütülmüş - 0.125 çay kaşığı

Sızma zeytinyağı - 1 yemek kaşığı

Talimatlar:

1. Waffle demirini ısıtmaya başlayın.

2. Yumurtaları kırmak için bir mutfak kasesinde çırpın, ardından kalan malzemeleri ekleyin. Patatesler yumurta ve baharatlarla eşit şekilde kaplanana kadar her şeyi birlikte katlayın.

3. Waffle kalıbını yağlayın ve kahverengi karışımın üçte birini üzerine yayın. Kapatın ve patateslerin yaklaşık on iki ila on beş dakika kadar kızarana kadar

pişmesine izin verin. Yerleştiğinde, kızarmayı bir çatalla yavaşça çıkarın ve ardından karışımın üçte birini, ardından son üçte birini pişirmeye devam edin.

4. Pişmiş kurabiyeler buzdolabında saklanabilir ve daha sonra tekrar çıtır çıtır olması için gözleme demirinde veya fırında tekrar ısıtılabilir.

Kuşkonmaz ve mantarlı frittata Porsiyonlar: 1

Pişirme süresi:

İçindekiler:

yumurta - 2

Kuşkonmaz mızrakları – 5

Su - 1 yemek kaşığı

Sızma zeytinyağı - 1 yemek kaşığı

Petrol, dilimlenmiş - 3

Deniz tuzu - bir tutam

Yeşil soğan, doğranmış - 1

Keçi peyniri, yarı yumuşak - 2 yemek kaşığı

Talimatlar:

1. Frittatayı hazırlarken fırını piliçlerin üzerinde önceden ısıtın. Sebzelerinizi hazırlayın, kuşkonmazın sert kısımlarını atın ve lokma büyüklüğünde doğrayın.

2. Fırına dayanıklı yedi ila sekiz inçlik bir tavayı yağlayın ve orta ateşte koyun. Mantarları ekleyin ve kuşkonmazı ekleyip iki dakika daha pişirmeden önce iki

dakika soteleyin. Güveçte pişirdikten sonra sebzeleri tavanın dibine eşit şekilde dağıtın.

3. Küçük bir mutfak karıştırma kabında yumurta, su ve deniz tuzunu köpürene kadar karıştırın ve haşlanmış sebzelerin üzerine dökün. Frittata üzerine kıyılmış taze soğan ve ufalanmış keçi peyniri serpin.

4. Tavayı, frittatadaki çırpılmış yumurtalar kenarlarda sertleşip tavanın kenarlarından ayrılana kadar bu şekilde ocakta pişirmeye devam edin. Tavayı dikkatlice kaldırın ve yumurtanın eşit şekilde pişmesi için hafif dairesel hareketlerle çevirin.

5. Frittata'yı fırına aktarın, kazanın altında yumurta tamamen pişene kadar iki ila üç dakika daha pişirin. Frittata'nız için yumurtayı yakından takip edin, böylece fazla pişmez. Hazır olur olmaz fırından çıkarın, frittatayı bir tabağa alın ve sıcakken afiyetle yiyin.

Yavaş Pişirilmiş Fransız Tostu Tencere

Porsiyonu: 9

Pişirme süresi: 4 saat

İçindekiler:

2 yumurta

2 yumurta akı

1 ½ badem sütü veya %1 süt

2 yemek kaşığı çiğ bal

1/2 çay kaşığı tarçın

1 çay kaşığı vanilya özü

9 dilim ekmek

Doldurmak:

3 su bardağı elma (doğranmış)

2 yemek kaşığı çiğ bal

1 yemek kaşığı limon suyu

1/2 çay kaşığı tarçın

1/3 su bardağı ceviz

Talimatlar:

1. İlk altı malzemeyi bir kaseye koyun ve karıştırın.

2. Yavaş pişiriciyi yapışmaz pişirme spreyi ile yağlayın.

3. Dolgu için tüm malzemeleri küçük bir kapta karıştırın ve bir kenara koyun. Elma parçalarını dolgu ile düzgün bir şekilde kaplayın.

4. Ekmek dilimlerini ikiye bölün (üçgen), ardından alta ve dolgunun üzerine üç dilim elma koyun. Ekmek dilimlerini ve dolguyu aynı desende düzenleyin.

5. Yumurta karışımını ekmek ve dolgu katmanlarına koyun.

6. Tencereyi 2 buçuk saat yüksek ateşte veya 4 saat kısık ateşte tutun.

Beslenme bilgisi:Kalori 227 Toplam Yağ: 7 gr Karbonhidrat: 34 gr Protein: 9 gr Şeker: 19 gr Lif 4 gr Sodyum: 187 mg

Kekik ve sucuklu hindi Porsiyon: 4

Pişirme süresi: 25 dakika

İçindekiler:

1 lb öğütülmüş hindi

½ çay kaşığı tarçın

½ çay kaşığı sarımsak tozu

1 çay kaşığı taze biberiye

1 çay kaşığı taze kekik

1 çay kaşığı deniz tuzu

2 çay kaşığı taze adaçayı

2 yemek kaşığı hindistan cevizi yağı

Talimatlar:

1. Yağ hariç tüm malzemeleri bir karıştırma kabında karıştırın.

Bir gece veya 30 dakika buzdolabında bekletin.

2. Yağı karışıma dökün. Karışımı dört köfte haline getirin.

3. Orta ateşte hafifçe yağlanmış bir tavada, köfteleri her iki tarafını 5 dakika veya merkezleri artık pembe olmayana kadar pişirin. 25'inde fırında pişirerek de pişirebilirsiniz.

400°F'de dakika.

<u>Beslenme bilgisi:</u>Kalori 284 Yağ: 9,4 g Protein: 14,2 g Sodyum: 290 mg Toplam karbonhidrat: 36,9 g Diyet lifi: 0,7 g

Vişne ve ıspanaklı smoothie Porsiyonlar: 1

Pişirme süresi: 0 dakika

İçindekiler:

1 su bardağı normal kefir

1 su bardağı dondurulmuş çekirdeksiz kiraz

½ su bardağı taze ıspanak yaprağı

¼ fincan püresi olgun avokado

1 yemek kaşığı badem ezmesi

1 parça soyulmuş zencefil (1/2 inç)

1 çay kaşığı chia tohumu

Talimatlar:

1. Tüm malzemeleri bir karıştırıcıya koyun. Pürüzsüz olana kadar nabız atın.

2. Servis yapmadan önce buzdolabında soğumaya bırakın.

Beslenme bilgisi:Kalori 410 Toplam Yağ 20 gr Toplam Karbonhidrat 47 gr Net Karbonhidrat 37 gr Protein 17 gr Şeker 33 gr Lif: 10 gr Sodyum: 169 mg

Kahvaltıda patates porsiyonları: 2

Pişirme süresi: 15 dakika

İçindekiler:

5 patates, küp şeklinde kesilmiş

1 yemek kaşığı sıvı yağ

½ çay kaşığı sarımsak tozu

¼ çay kaşığı biber

½ çay kaşığı füme kırmızı biber

Talimatlar:

1. Fritözünüzü 5 dakika boyunca 400 derece F'ye önceden ısıtın.

2. Patatesleri yağa atın.

3. Sarımsak tozu, karabiber ve kırmızı biberle tatlandırın.

4. Patatesleri fritöz sepetine ekleyin.

5. Fritözde 15 dakika pişirin.

Hazır muzlu yulaf ezmesi porsiyonları: 1

İçindekiler:

1 adet ezilmiş olgun muz

½ c. su

½ c. hazır yulaf

Talimatlar:

1. Yulaf ezmesini ve suyu mikrodalgaya uygun bir kaseye ölçün ve birleştirmek için karıştırın.

2. Kâseyi mikrodalgaya koyun ve 2 dakika yüksekte ısıtın.

3. Kaseyi mikrodalgadan çıkarın ve ezilmiş muzu ekleyin ve tadını çıkarın.

Beslenme bilgisi:Kalori: 243, Yağ: 3 gr, Karbonhidrat: 50 gr, Protein: 6 gr, Şeker: 20 gr, Sodyum: 30 mg

Badem ezmesi ve muzlu smoothie Porsiyon: 1

İçindekiler:

1 çorba kaşığı. badem yağı

½ c. buz küpleri

½ c. paketlenmiş ıspanak

1 soyulmuş ve dondurulmuş orta boy muz

1 ç. yağsız süt

Talimatlar:

1. Pürüzsüz ve kremsi olana kadar tüm malzemeleri güçlü bir karıştırıcıda karıştırın.

2. Servis yapın ve tadını çıkarın.

Beslenme bilgisi:Kalori: 293, Yağ: 9,8 gr, Karbonhidrat: 42,5 gr, Protein: 13,5 g, şekerler: 12 g, sodyum: 111 mg

Pişirmeden çikolatalı chia enerji çubukları

Porsiyon: 14

Pişirme süresi: 0 dakika

İçindekiler:

1 ½ bardak paketlenmiş çekirdeksiz hurma

1/cup şekersiz rendelenmiş hindistan cevizi

1 su bardağı çiğ ceviz parçaları

1/4 su bardağı (35 gr) doğal kakao tozu

1/2 su bardağı (75 gr) bütün chia tohumları

1/2 su bardağı (70 gr) doğranmış bitter çikolata

1/2 su bardağı (50 gr) yulaf

Arzu edilirse 1 çay kaşığı saf vanilya özü tadı artırır 1/4 çay kaşığı rafine edilmemiş deniz tuzu

Talimatlar:

1. Hurmaları kalın bir macun oluşana kadar bir karıştırıcıda püre haline getirin.

2. Cevizleri ekleyin ve karıştırın.

3. Kalan malzemeleri ekleyin ve koyu bir hamur elde edinceye kadar karıştırın.

4. Dikdörtgen bir tepsiye pişirme kağıdı serin. Karışımı tepsiye sıkıca yerleştirin ve her köşesine eşit şekilde yayın.

5. Gece yarısına kadar en az birkaç saat dondurucuya koyun.

6. Kaseden çıkarın ve 14 şerit halinde kesin.

7. Buzdolabına veya hermetik olarak kapatılmış bir kaba koyun.

<u>Beslenme bilgisi:</u>Şeker 17 gr Yağ: 12 gr Kalori: 234 Karbonhidrat: 28 gr Protein: 4,5 gr

Keten tohumu ile kahvaltı için meyve kasesi

Porsiyon: 1

Pişirme süresi: 5 dakika

İçindekiler:

yulaf lapası için:

¼ su bardağı keten tohumu, taze çekilmiş

¼ çay kaşığı öğütülmüş tarçın

1 su bardağı badem veya hindistan cevizi sütü

1 orta boy muz, ezilmiş

Bir tutam ince taneli deniz tuzu

Dolgular için:

Yaban mersini, taze veya çözülmüş

Ceviz, çiğ doğranmış

Saf akçaağaç şurubu (isteğe bağlı)

Talimatlar:

1. Orta boy bir tencerede orta ateşte yulaf lapası için tüm malzemeleri birleştirin. 5 dakika veya yulaf lapası koyulaşıp kaynayana kadar sürekli karıştırın.

2. Pişen yulaf lapasını servis kasesine aktarın. Biraz daha tatlı olmasını istiyorsanız, soslarla süsleyin ve biraz akçaağaç şurubu ile süsleyin.

Beslenme bilgisi:Kalori 780 Yağ: 26 gr Protein: 39 gr Sodyum: 270 mg Toplam karbonhidrat: 117,5 gr

Yavaş pişirmede kahvaltıda yulaf ezmesi

Porsiyon: 8

İçindekiler:

4 c. badem sütü

2 paket stevia

2 c. çelik kesilmiş yulaf

1/3 c. doğranmış kuru kayısı

4 c. su

1/3 c. Kurutulmuş Vişne

1 çay kaşığı tarçın

1/3 c. Kuru üzüm

Talimatlar:

1. Tüm malzemeleri yavaş bir ocakta iyice karıştırın.

2. Örtün ve düşük sıcaklığa ayarlayın.

3. 8 saat pişirin.

4. Bunu bir gece önceden kurarak sabaha kahvaltınızı hazırlayabilirsiniz.

Beslenme bilgisi:Kalori: 158,5, Yağ: 2,9 gr, Karbonhidrat: 28,3 gr, Protein: 4,8 g, şekerler: 11 g, sodyum: 135 mg

Balkabağı ekmeği Porsiyon: 12

Pişirme süresi: 2 saat, 30 dakika

İçindekiler:

Balkabağı unu - 3 su bardağı

Tam buğday unu - 1 su bardağı

Mısır unu - 0,5 su bardağı

Kakao tozu - 1 yemek kaşığı

Aktif kuru maya - 1 yemek kaşığı

Kimyon tohumları - 2 çay kaşığı

Deniz tuzu - 1,5 çay kaşığı

Su, ılık - 1,5 su bardağı, bölünmüş

Hurma ezmesi – 0,25 bardak, bölünmüş

Avokado yağı - 1 yemek kaşığı

Tatlı patates, püresi - 1 su bardağı

Yumurta yıkama – 1 yumurta akı + 1 yemek kaşığı su

Talimatlar:

1. 9 x 5 inçlik bir somun kalıbını parşömen kağıdı ile kaplayın ve ardından hafifçe yağlayın.

2. Bir tencerede, bir bardak suyu mısır unu ile sıcak ve koyu bir kıvam alana kadar yaklaşık beş dakika karıştırın. Topakların oluşmasını önlemek için ısınırken karıştırmaya devam ettiğinizden emin olun. Kıvam alınca ocaktan alıp içine hurma ezmesini, kakao tozunu, kimyon tohumlarını ve avokado yağını ekleyip karıştırın. İçeriği ılık olana kadar kaseyi bir kenara bırakın.

3. Kalan yarım su bardağı ılık suyu geniş bir mutfak karıştırma kabına maya ile birlikte ekleyin ve maya eriyene kadar karıştırın. Bu çavdar ekmeği karışımını çiçek açıp kabarık baloncuklar oluşana kadar yaklaşık on dakika bekletin.

Bu en iyi şekilde sıcak bir yerde yapılır.

4. Maya kabardığında, ılık mısır unu suyu karışımını ve patates püresini karıştırma kabına ekleyin.

Sıvı ve patatesler birleştiğinde, tam buğday unu ve balkabağı ununu karıştırın. Karışımı tercihen mikser ve hamur yoğurma kancası ile on dakika yoğurun. hamur hazır

pürüzsüz ve karıştırma kabının kenarlarından uzağa doğru çeken yapışkan bir top oluşturduğunda.

5. Hamur kancasını çıkarın ve karıştırma kabını streç film veya temiz, nemli bir mutfak havlusu ile örtün. Mutfak karıştırma kabını, hamur iki katına çıkana kadar - yaklaşık bir saat - kabarması için ılık bir yere koyun.

6. Ekmeği hazırlamak için fırını 375 Fahrenheit dereceye ısıtın.

7. Hamuru güzel bir kütük şekline getirin ve hazırlanan ekmek tavasına yerleştirin. Yumurta karışımınızı çırpın, ardından hazırlanan somunun üzerine hafifçe fırçalamak için bir pasta fırçası kullanın. İstenirse, dekoratif bir tasarım için somunu keskin bir bıçakla kesin.

8. Ekmeği sıcak fırının ortasına yerleştirin ve güzel bir koyu renk alana ve hafifçe vurulduğunda bir boşluk sesi çıkarana kadar yaklaşık bir saat pişmesine izin verin. Balkabağı ekmeğini fırından çıkarın ve balkabağı ekmeğini tavadan çıkarmadan ve soğumaya devam etmek için somunu bir tel rafa aktarmadan önce tavada beş dakika soğumaya bırakın. Ekmeği tamamen soğuyana kadar kesmeyin.

Hindistan cevizi ve frambuazlı chia puding

Porsiyon: 4

Pişirme süresi: 0 dakika

İçindekiler:

¼ su bardağı chia tohumu

½ çay kaşığı stevia

1 su bardağı hindistan cevizi sütü, şekersiz, tam yağlı

2 yemek kaşığı badem

¼ fincan ahududu

Talimatlar:

1. Büyük bir kase alın, içine chia tohumlarını stevia ve hindistan cevizi sütü ile birlikte ekleyin, birleşene kadar karıştırın ve koyulaşana kadar bir gece buzdolabında bekletin.

2. Muhallebiyi buzdolabından çıkarın, üzerine badem ve yaban meyveleri serpiştirerek servis yapın.

Beslenme bilgisi:Kalori 158, toplam yağ 14,1 gr, toplam karbonhidrat 6,5 gr, protein 2 gr, şeker 3,6 gr, sodyum 16 mg

Hafta sonu kahvaltılık salata Porsiyon: 4

Pişirme süresi: 0 dakika

İçindekiler:

Yumurta, dört haşlanmış

Limon, bir

Roka, on su bardağı

Kinoa, bir su bardağı pişirilip soğutulmuş

Zeytinyağı, iki kaşık

Dereotu, doğranmış, yarım su bardağı

Badem, kıyılmış, bir su bardağı

Avokado, bir büyük ince dilimlenmiş

Salatalık, doğranmış, yarım su bardağı

Domates, bir büyük dilimler halinde kesilmiş

Talimatlar:

1. Kinoa, salatalık, domates ve rokayı karıştırın. Bu malzemeleri zeytinyağı, tuz ve karabiberle hafifçe karıştırın. Üzerine yumurta ve avokadoyu gezdirip yayın. Her salatayı badem ve otlar ile doldurun. Limon suyu ile gezdirin.

Beslenme bilgisi:Kalori 336 yağ 7,7 gram protein 12,3 gram karbonhidrat 54,6 gram şeker 5,5 gram lif 5,2 gram

Peynir, brokoli ve karnabahar ile mükemmel vejetaryen pilav

porsiyonlar: 2

Pişirme süresi: 7 dakika

İçindekiler:

½ su bardağı brokoli çiçeği, pirinç

1½ su bardağı karnabahar çiçeği, pirinç

¼ çay kaşığı sarımsak tozu

¼ çay kaşığı tuz

¼ çay kaşığı öğütülmüş karabiber

1/8 çay kaşığı öğütülmüş hindistan cevizi

½ yemek kaşığı tuzsuz tereyağı

1/8 su bardağı mascarpone peyniri

¼ su bardağı rendelenmiş keskin çedar peyniri

Talimatlar:

1. Orta boy ısıya dayanıklı bir kase alın, içine mascarpone ve cheddar peyniri hariç tüm malzemeleri ekleyin ve özleşene kadar karıştırın.

2. Kâseyi mikrodalgaya koyun, mikrodalgada 5 dakika yüksekte tutun, ardından peyniri ekleyin ve 2 dakika pişirmeye devam edin.

3. Mascarpone peynirini kaseye ekleyin, birleşene ve kremsi olana kadar karıştırın ve hemen servis yapın.

Beslenme bilgisi:Kalori 138, toplam yağ 9,8 gr, toplam karbonhidrat 6,6 gr, protein 7,5 gr, şeker 2,4 gr, sodyum 442 mg

Akdeniz tostu Porsiyon: 2

İçindekiler:

1 ½ çay kaşığı ufalanmış yağı azaltılmış beyaz peynir

3 dilimlenmiş yunan zeytin

¼ ezilmiş avokado

1 dilim iyi tam buğday ekmeği

1 çorba kaşığı. Kavrulmuş Kırmızı Biberli Humus

3 adet dilimlenmiş çeri domates

1 adet dilimlenmiş haşlanmış yumurta

Talimatlar:

1. İlk önce ekmeği kızartın ve ¼ avokado püresi ve 1 ile kaplayın.

bir kaşık humus.

2. Kiraz domates, zeytin, haşlanmış yumurta ve beyaz peynir ekleyin.

3. Tatlandırmak için tuz ve karabiber ekleyin.

Beslenme bilgisi:Kalori: 333,7, Yağ: 17 gr, Karbonhidrat: 33,3 gr, Protein: 16,3 g, şekerler: 1 g, sodyum: 700 mg

Kahvaltıda tatlı patates salatası Porsiyon: 2

Pişirme süresi: 0 dakika

İçindekiler:

1 ölçek protein tozu

¼ fincan yaban mersini

¼ fincan ahududu

1 muz, soyulmuş

1 tatlı patates, pişmiş, soyulmuş ve doğranmış

Talimatlar:

1. Patatesleri bir kaseye koyun ve bir çatalla ezin. Muz ve protein tozunu ekleyin ve her şeyi iyice karıştırın. Çilekleri ekleyin, karıştırın ve soğuk servis yapın.

2. Keyfini çıkarın!

Beslenme bilgisi: kalori 181, yağ 1, lif 6, karbonhidrat 8, protein 11

Sahte Kahvaltı Hash Kahverengi Bardaklar

Porsiyon: 8

İçindekiler:

40 gr doğranmış soğan

8 büyük yumurta

7 ½ gr sarımsak tozu

2 ½ gr biber

170 gr doğranmış az yağlı peynir

170 gr rendelenmiş tatlı patates

2 ½ gr tuz

Talimatlar:

1. Fırını 400 OF'ye ısıtın ve astarlı bir çörek kalıbı hazırlayın.

2. Rendelenmiş tatlı patatesi, soğanı, sarımsağı ve baharatları bir kaseye koyun ve iyice karıştırın, her bardağa birer kaşık ekleyin. Her bardağa bir büyük yumurta ekleyin ve yumurtalar pişene kadar 15 dakika pişirmeye devam edin.

3. Taze servis yapın veya saklayın.

Beslenme bilgisi:Kalori: 143, Yağ: 9,1 gr, Karbonhidrat: 6 gr, Protein: 9 gr, Şeker: 0 gr, Sodyum: 290 mg

Ispanak ve mantarlı omlet Porsiyon: 2

İçindekiler:

2 kaşık. Zeytin yağı

2 bütün yumurta

3 c. ıspanak, taze

Pişirme spreyi

10 adet dilimlenmiş baby bella mantarı

8 kaşık. Dilimlenmiş kırmızı soğan

4 yumurta akı

2 oz. Keçi peyniri

Talimatlar:

1. Tavayı orta ateşe koyun ve zeytinleri ekleyin.

2. Tavaya dilimlenmiş kırmızı soğanı ekleyin ve yarı saydam olana kadar karıştırın.

Ardından mantarları tavaya ekleyin ve hafifçe kızarana kadar karıştırmaya devam edin.

3. Ispanağı ekleyin ve solana kadar karıştırın. Biraz karabiber ve tuzla tatlandırın. Ateşten alın.

4. Küçük bir tavaya pişirme spreyi sıkın ve orta ateşte ısıtın.

5. 2 bütün yumurtayı küçük bir kaseye bölün. 4 yumurta beyazından elde edilen karı ekleyin ve birleşene kadar çırpın.

6. Çırpılmış yumurtaları küçük bir tavaya dökün ve karışımı bir dakika bekletin.

7. Spatulayı yavaşça tavanın kenarlarında gezdirin.

Tavayı kaldırın ve akan yumurtaların merkeze ulaşmasını ve tavanın kenarlarında pişmesini sağlamak için aşağı ve dairesel bir şekilde eğin.

8. Ufalanmış keçi peynirini mantarlı karışımla birlikte omletin bir kenarına ekleyin.

9. Ardından, bir spatula kullanarak omletin diğer tarafını mantarlı tarafın üzerine hafifçe katlayın.

10. Otuz saniye pişmesine izin verin. Ardından omleti bir tabağa aktarın.

Beslenme bilgisi: Kalori: 412, Yağ: 29 gr, Karbonhidrat: 18 gr, Protein: 25 gr, Şeker: 7 gr, Sodyum: 1000 mg

Tavuk ve sebzeli marul rulo Porsiyon: 2

Pişirme süresi: 15 dakika

İçindekiler:

½ yemek kaşığı tuzsuz tereyağı

¼ lb öğütülmüş tavuk

1/8 su bardağı kabak, doğranmış

¼ yeşil biber, çekirdekleri çıkarılmış ve doğranmış

1/8 su bardağı sarı kabak, doğranmış

¼ orta boy soğan, doğranmış

½ çay kaşığı kıyılmış sarımsak

Tatmak için taze kıyılmış karabiber

¼ çay kaşığı köri tozu

½ yemek kaşığı soya sosu

2 büyük marul yaprağı

½ su bardağı rendelenmiş Parmesan peyniri

Talimatlar:

1. Bir tava alın, orta ateşte ısıtın, üzerine tereyağı ve tavuğu ekleyin, ufalayın ve tavuk pembeliği kaybolana kadar yaklaşık 5 dakika pişirin.

2. Ardından kabağı, biberi, kabağı, soğanı ve sarımsağı tavaya ekleyin, karışana kadar karıştırın ve 5 dakika pişirin.

3. Ardından karabiber ve köri tozu ekleyin, soya sosu gezdirin, iyice karıştırın ve 5 dakika pişirmeye devam edin, ihtiyaç duyulana kadar bir kenara koyun.

4. Dürümleri düzenleyin ve bunun için tavuklu karışımı yeşil salatanın her yaprağına eşit şekilde dağıtın, ardından peynir serpip servis yapın.

5. Yemeği hazırlamak için tavuk karışımını hermetik olarak kapatılmış bir kaba koyun ve iki güne kadar buzdolabında saklayın.

6. Yemeye hazır olduğunuzda tavuk karışımını mikrodalgada ısıtın ve ardından marul yapraklarına ekleyin ve servis yapın.

<u>Beslenme bilgisi:</u>Kalori 71, toplam yağ 6,7 gr, toplam karbonhidrat 4,2 gr, protein 4,8 gr, şeker 30,5 gr, sodyum 142 mg

Muz ve tarçınlı kremalı kase Porsiyonlar: 1

Pişirme süresi: 3 dakika

İçindekiler:

1 büyük muz, olgun

¼ çay kaşığı öğütülmüş tarçın

Bir tutam Kelt deniz tuzu

2 yemek kaşığı hindistan cevizi yağı, eritilmiş

Seçtiğiniz ilaveler: meyve, tohum veya fındık<u>Talimatlar:</u>

1. Muzu bir karıştırma kabında ezin. Tarçın ve Kelt deniz tuzu ekleyin. Kenara koyun.

2. Hindistan cevizi yağını bir tencerede kısık ateşte ısıtın.

Ilık tereyağını muz karışımına alın.

3. Servis etmek için en sevdiğiniz meyveyi, çekirdeği veya yemişleri koyun.

<u>Beslenme bilgisi:</u>Kalori 564 Yağ: 18,8 g Protein: 28,2 g Sodyum: 230 mg Toplam karbonhidrat: 58,2 g Diyet lifi: 15,9 g

Kızılcık ve tarçınlı iyi tahıllar Porsiyon: 2

Pişirme süresi: 35 dakika

İçindekiler:

1 su bardağı mısır gevreği (tercihinize göre amaranth, karabuğday veya kinoa) 2½ su bardağı hindistan cevizi suyu veya badem sütü

1 çubuk tarçın

2 bütün karanfil

1 bakla yıldız anason (isteğe bağlı)

Taze meyve: elma, böğürtlen, kızılcık, armut veya hurma

Akçaağaç şurubu (isteğe bağlı)

Talimatlar:

1. Tahılları, hindistan cevizi suyunu ve baharatları bir tencerede kaynatın. Örtün, ardından ısıyı orta-düşük seviyeye indirin. 25 dakika içinde pişirin.

2. Servis etmek için baharatları atın ve üzerine meyve dilimleri koyun. İstenirse akçaağaç şurubu ile doldurun.

Beslenme bilgisi:Kalori 628 Yağ: 20,9 g Protein: 31,4 g Sodyum: 96 mg Toplam karbonhidrat: 112,3 g Diyet lifi: 33,8 g

Kahvaltıda omlet porsiyonları: 2

Pişirme süresi: 10 dakika

İçindekiler:

2 yumurta, çırpılmış

1 taze soğan sapı, doğranmış

½ su bardağı mantar, dilimlenmiş

1 kırmızı biber, doğranmış

1 çay kaşığı otlar

Talimatlar:

1. Yumurtaları bir kapta çırpın. Diğer malzemelerle karıştırın.

2. Yumurta karışımını küçük bir tavaya dökün. Tavayı fritöz sepetine ekleyin.

3. Fritöz sepetinde 350 derece F'de 10 dakika pişirin.

Beslenme bilgisi:Kalori 210 Karbonhidratlar: 5g Yağlar: 14g Proteinler: 15g

Tam tahıllı sandviç ekmeği Porsiyon: 12

Pişirme süresi: 3 saat 20 dakika

İçindekiler:

Beyaz kepekli un - 3,5 su bardağı

Sızma zeytinyağı - 0,25 su bardağı

Hurma ezmesi - 0,25 su bardağı

Seçtiğiniz süt, ılık - 1.125 bardak

Deniz tuzu - 1,25 çay kaşığı

Aktif kuru maya - 2,5 çay kaşığı

Talimatlar:

1. 9 x 5 inçlik bir somun kalıbını parşömen kağıdı ile kaplayın ve ardından hafifçe yağlayın.

2. Büyük bir mutfak karıştırma kabında tüm malzemeleri bir spatula ile karıştırın. Bir kez birleştirildiğinde, içeriklerin otuz dakika oturmasına izin verin.

3. Hamuru yumuşak, esnek ve esnek hale gelene kadar yoğurmaya başlayın—

yaklaşık yedi dakika. Bunu elle yoğurabilirsiniz, ancak en kolay yolu bir stand mikseri ve bir hamur kancası kullanmaktır.

4. Hamur daha önce kullanılan karıştırma kabında yoğrulurken, karıştırma kabını streç filmle veya temiz, nemli bir bezle örtün ve yaklaşık bir veya iki saat iki katına çıkana kadar ılık bir yerde kabarmaya bırakın.

5. Hamuru hafifçe girintileyin ve hazırlanan ekmek tepsisine yerleştirmeden önce güzel bir kütük haline getirin. Fırın tepsisini önceden kullanılmış plastik ambalajla örtün ve ılık bir yerde iki katına çıkana kadar, bir veya iki saat daha yükselmeye bırakın.

6. Ekmek kabarmak üzereyken, fırını önceden 350 Fahrenheit dereceye ısıtın.

7. Kabartılmış ekmeğin kapağını çıkarın ve sıcak fırının ortasına yerleştirin. Alüminyum folyoyu, çok çabuk kızarmaması için, söndürmeden dikkatlice somunun üzerine yerleştirin. Folyoyu çıkarmadan ve ekmeği yirmi dakika daha pişirmeye devam etmeden önce ekmeğin otuz beş ila kırk dakika bu şekilde pişmesine izin verin. Ekmek güzel bir altın rengi olduğunda ve hafifçe vurulduğunda içi boş bir ses çıkardığında hazırdır.

8. Tam tahıllı sandviç ekmeğini tavada beş dakika soğumaya bırakın, ardından tepsiden çıkarın ve soğutmayı bitirmek için bir tel rafa aktarın. Dilimlemeden önce ekmeğin tamamen soğumasını bekleyin.

Dilimlenmiş tavuk döner

İçindekiler:

2 orta boy soğan, doğranmış

6 diş sarımsak, kıyılmış

1 çay kaşığı limon-biber aroması

1 çay kaşığı kurutulmuş kekik

1/2 çay kaşığı öğütülmüş yenibahar

1/2 su bardağı su

1/2 su bardağı limon suyu

1/4 su bardağı kırmızı şarap sirkesi

2 yemek kaşığı zeytinyağı

2 pound kemiksiz, derisiz tavuk göğsü

8 bütün pide ekmeği

Tercih edilen ilaveler: Tzatziki sosu, yırtık marul ve dilimlenmiş domates, salatalık ve soğan

Talimatlar:

1. 3-qt'de. yavaş pişirici, ilk 9 armatürü birleştirin; tavuğu aç. Kapağı kapalı olarak kısık ateşte 3-4 saat veya tavuk yumuşayana kadar pişirin (termometre 165°'yi göstermelidir).

2. Tavuğu yavaş ocaktan alın. 2 çatalla parçalayın; yavaş pişiriciye dönün. Maşa kullanarak tavuklu karışımı pide ekmeğinin üzerine yerleştirin. Süslemelerle sunun.

Tatlı patates çorbası porsiyonu: 6

Pişirme süresi: 15 dakika

İçindekiler:

2 yemek kaşığı zeytinyağı

1 orta boy soğan, doğranmış

1 kutu yeşil biber

1 çay kaşığı öğütülmüş kimyon

1 çay kaşığı öğütülmüş zencefil

1 çay kaşığı deniz tuzu

4 su bardağı soyulmuş ve doğranmış tatlı patates 4 su bardağı düşük sodyumlu organik sebze suyu 2 yemek kaşığı taze kişniş, kıyılmış

6 yemek kaşığı Yunan yoğurdu

Talimatlar:

1. Zeytinyağını büyük bir çorba tenceresinde orta ateşte ısıtın. Soğanı ekleyin ve yumuşayana kadar soteleyin. Yeşil biberleri ve baharatları ekleyip 2 dakika pişirin.

2. Tatlı patates ve sebze çorbasını karıştırın ve kaynamaya bırakın.

3. 15 dakika içinde pişirin.

4. Öğütülmüş kişniş ekleyin.

5. Çorbanın yarısını pürüzsüz olana kadar karıştırın. Kalan et suyu ile tencereye geri dönün.

6. İstenirse, ilave deniz tuzu ekleyin ve üzerine biraz Yunan yoğurdu dökün.

Beslenme bilgisi:Toplam karbonhidrat 33 gr Diyet lifi: 5 gr Protein: 6 gr Toplam yağ: 5 gr Kalori: 192

Quinoa Börek Kaseleri için Malzemeler:

1 Kişniş Kireç Quinoa formülü

Kara fasulye için:

1 kutu kara fasulye

1 çay kaşığı öğütülmüş kimyon

1 çay kaşığı kurutulmuş kekik

tuz, tatmak

Kiraz domates pico de gallo için:

1 16 ons güneşte kurutulmuş kiraz veya üzüm domates, dörde bölünmüş 1/2 su bardağı doğranmış kırmızı soğan

1 yemek kaşığı kıyılmış jalapeno biberi (kaburgaları ve tohumları istediğiniz zaman çıkarın)

1/2 su bardağı kıyılmış çıtır kişniş

2 yemek kaşığı limon suyu

tuz, tatmak

Bağlantı elemanları için:

kurutulmuş jalapenoları kesin

1 avokado, doğranmış

Talimatlar:

1. Kinoayı kişniş limonu ile yerleştirin ve sıcak tutun.

2. Küçük bir sos tavasında koyu yeşil fasulyeleri ve sıvılarını kimyon ve kekik ile orta ateşte birleştirin. Fasulyeler ısınana kadar ara sıra karıştırın. İstediğiniz zaman tadın ve tuz ekleyin.

3. Kiraz domatesli pico de gallo için malzemeleri bir kapta toplayın ve iyice karıştırın.

4. Börek kaselerini birleştirmek için limonlu kişniş kinoayı dört tabağa bölün. Her birine çeyrek kara fasulye ekleyin. Üzerine pico de gallo çeri domates, dilimlenmiş jalapenos turşusu ve avokado ekleyin.

Takdirle karşılamak!

5. Not:

6. Bu yemeklerin tüm bileşenleri erken hazırlanabilir ve yenmeye hazır olduklarında toplanabilir. Kinoa ve fasulye oda sıcaklığında ısıtılabilir veya pişirilebilir. Hafta boyunca öğle yemeği için kinoa burrito kaselerini takdir edebilmek için hafta boyunca bölümler yapmayı seviyorum.

Bademli Brokoli Porsiyon: 6

Pişirme süresi: 5 dakika

İçindekiler:

1 adet taze kırmızı biber, çekirdekleri çıkarılmış ve ince doğranmış 2 demet brokoli, ayıklanmış

1 yemek kaşığı sızma zeytinyağı

2 diş sarımsak, ince dilimlenmiş

1/4 su bardağı doğal badem, kabaca doğranmış

2 çay kaşığı ince rendelenmiş limon kabuğu rendesi

4 adet yağda hamsi, doğranmış

Biraz taze limon suyu

Talimatlar:

1. Bir tavada biraz yağı ısıtın. 2 tatlı kaşığı limon kabuğu rendesi, süzülmüş hamsi, ince kıyılmış kırmızı biber ve ince dilimlenmiş eldiveni ekleyin.

Sürekli karıştırarak yaklaşık 30 saniye pişirin.

2. 1/4 su bardağı iri kıyılmış bademleri ekleyin ve bir dakika pişirin.

Ateşi kapatın ve üzerine limon suyu ekleyin.

3. Buhar sepetini kaynar su dolu bir tencerenin üzerine yerleştirin. Brokolileri sepete ekleyin ve üzerini kapatın.

4. Yumuşak olana kadar yaklaşık 3-4 dakika pişirin. Süzdükten sonra servis tabağına alın.

5. Badem karışımını üzerine dökün ve tadını çıkarın!

Beslenme bilgisi: 414 kalori 6,6 gr yağ 1,6 gr toplam karbonhidrat 5,4 gr protein

Kinoa yemeği için malzemeler:

1/2 su bardağı kinoa, kuru

2 yemek kaşığı avokado veya hindistan cevizi yağı

2 diş ezilmiş sarımsak

1/2 su bardağı mısır, konserve veya donmuş

3 büyük dolmalık biber, doğranmış

1/2 orta boy jalapeno biberi, tohumlanmış ve öğütülmüş 1 yemek kaşığı kimyon

15 ons kuru fasulye, durulanmış ve suyu alınmış 1 su bardağı kişniş, ince doğranmış ve bölünmüş 1/2 su bardağı yeşil soğan, ince doğranmış ve bölünmüş 2 su bardağı Tex Mex çedar, ezilmiş ve ayrılmış 3/4 su bardağı konserve hindistan cevizi sütü

1/4 çay kaşığı tuz

Talimatlar:

1. Kinoayı paketindeki talimatlara göre pişirin ve güvenli bir yerde saklayın. Piliçleri 350 F dereceye ısıtın.

2. Büyük bir yapışmaz kil tavayı orta ateşte önceden ısıtın ve kaplamak için yağla karıştırın. Sarımsağı ekleyin ve her zamanki gibi karıştırarak 30 saniye

pişirin. Mısır, acı biber, jalapenos ve kimyonu ilave edin. Karıştırın ve kesintisiz 3 dakika pişirin, tekrar karıştırın ve 3 dakika daha pişirin.

3. Pişmiş kinoa, kara fasulye, 3/4 su bardağı kişniş, 1/4 su bardağı yeşil soğan, 1/2 su bardağı çedar, hindistan cevizi sütü ve tuzu içeren büyük bir karıştırma kabına aktarın. İyice karıştırın, 8 x 11'lik bir fırın tepsisine aktarın, kalan 1/2 bardak çedar serpin ve üstü açık olarak 30 dakika ısıtın.

4. Izgaradan çıkarın, kalan 1/4 su bardağı kişniş ve 1/4 su bardağı yeşil soğanı serpin. sıcak servis yapın

Temiz Yeme yumurta salatası Porsiyon: 2

Pişirme süresi: 0 dakika

İçindekiler:

6 organik merada yetiştirilen yumurta, haşlanmış

1 avokado

¼ bardak Yunan yoğurdu

2 yemek kaşığı zeytinyağı mayonez

1 çay kaşığı taze dereotu

tatmak için deniz tuzu

Servis için yeşil salata

Talimatlar:

1. Haşlanmış yumurtaları ve avokadoyu ezin.

2. Yunan yoğurdu, zeytinyağı mayonezi ve taze dereotu ekleyin.

3. Deniz tuzu ekleyin. Yeşil salata yatağında servis yapın.

Beslenme bilgisi: Toplam karbonhidrat 18 gr Diyet lifi: 10 gr Protein: 23 gr Toplam yağ: 38 gr Kalori: 486

Beyaz fasulye biber Porsiyon: 4

Pişirme süresi: 20 dakika

İçindekiler:

¼ su bardağı sızma zeytinyağı

2 küçük soğan, doğranmış ¼ inç

2 kereviz sapı, ince dilimlenmiş

2 küçük havuç, soyulmuş ve ince dilimlenmiş

2 diş sarımsak, kıyılmış

2 çay kaşığı öğütülmüş kimyon

1½ çay kaşığı kurutulmuş kekik

1 çay kaşığı tuz

¼ çay kaşığı taze çekilmiş karabiber

3 su bardağı sebze çorbası

1 (15½ ons) kutu beyaz fasulye, süzülmüş ve durulanmış ¼ ince kıyılmış taze yassı maydanoz

2 çay kaşığı rendelenmiş veya öğütülmüş limon kabuğu rendesi

Talimatlar:

1. Yağı bir Hollanda fırınında yüksek ateşte ısıtın.

2. Soğan, kereviz, havuç ve sarımsağı ekleyin ve yumuşayana kadar 5 ila 8 dakika soteleyin.

3. Kimyon, kekik, tuz ve karabiberi ekleyin ve baharatlar kızarana kadar yaklaşık 1 dakika soteleyin.

4. Çorbayı koyup kaynatın.

5. Bir kaynamaya getirin, yeşil fasulyeleri ekleyin ve tatların demlenmesi için ara sıra karıştırarak 5 dakika kısmen kapağın altında pişirin.

6. Maydanoz ve limon kabuğu rendesini katıp servis yapın.

Beslenme bilgisi:Kalori 300 Toplam Yağ: 15 gr Toplam Karbonhidrat: 32 gr Şeker: 4 gr Lif: 12 gr Protein: 12 gr Sodyum: 1183 mg

Ton balığı limonlu Porsiyonlar: 4

Pişirme süresi: 18 dakika

İçindekiler:

4 ton balığı bifteği

1 yemek kaşığı zeytinyağı

½ çay kaşığı füme kırmızı biber

¼ çay kaşığı öğütülmüş karabiber

1 limon suyu

4 taze soğan, doğranmış

1 yemek kaşığı kıyılmış kişniş

Talimatlar:

1. Bir tavayı orta ateşte yağ ile ısıtın, taze soğanı ekleyin ve 2 dakika soteleyin.

2. Ton balığı bifteklerini ekleyin ve her iki tarafını da 2'şer dakika pişirin.

3. Kalan malzemeleri ekleyin, hafifçe karıştırın, tabağı fırına koyun ve 12 dakika 360 derece F'de pişirin.

4. Her şeyi tabaklara bölün ve öğle yemeği için servis yapın.

Beslenme bilgisi:kalori 324, yağ 1, lif 2, karbonhidratlar 17, protein 22

Kuşkonmaz ve meşe palamudu kabaklı Tilapia

Porsiyon: 4

Pişirme süresi: 30 dakika

İçindekiler:

2 yemek kaşığı sızma zeytinyağı

1 orta boy meşe palamudu kabağı, tohumlanmış ve ince dilimlenmiş veya dilimlenmiş 1 pound kuşkonmaz, odunsu üst kısımlar çıkarılmış ve 2 inçlik parçalar halinde kesilmiş

1 büyük arpacık, ince dilimlenmiş

1 pound tilapia filetosu

½ bardak beyaz şarap

1 yemek kaşığı kıyılmış taze yassı maydanoz 1 çay kaşığı tuz

¼ çay kaşığı taze çekilmiş karabiber

Talimatlar:

1. Fırını 400°F'ye ısıtın. Tepsiyi sıvı yağ ile yağlayın.

2. Kabağı, kuşkonmazı ve arpacık soğanı bir fırın tepsisine tek kat halinde dizin. 8 ila 10 dakika içinde pişirin.

3. Tilapiyi koyun ve şarabı ekleyin.

4. Maydanoz, tuz ve karabiber serpin.

5. 15 dakika içinde pişirin. Çıkarın, ardından 5 dakika bekletin ve servis yapın.

<u>Beslenme bilgisi:</u>Kalori 246 Toplam Yağ: 8 gr Toplam Karbonhidrat: 17 gr Şeker: 2 gr Lif: 4 gr Protein: 25 gr Sodyum: 639 mg

Zeytin, domates ve fesleğenli fırında tavuk

porsiyonlar: 4

Pişirme süresi: 45 dakika

İçindekiler:

8 adet tavuk budu

Küçük İtalyan domatesleri

1 yemek kaşığı karabiber ve tuz

1 yemek kaşığı zeytinyağı

15 fesleğen yaprağı (büyük)

Küçük siyah zeytin

1-2 taze kırmızı biber

Talimatlar:

1. Tavuk parçalarını tüm baharatlar ve zeytinyağı ile marine edin ve beklemeye bırakın.

2. Tavuk parçalarını domates, fesleğen yaprağı, zeytin ve pul biberle birlikte kenarlı bir tavada birleştirin.

3. Bu tavuğu önceden ısıtılmış fırında (220C'de) 40 pişirin. dakika.

4. Tavuklar yumuşayana, domatesler, fesleğen ve zeytinler pişene kadar pişirin.

5. Üzerini taze maydanoz ve limon kabuğu rendesi ile süsleyin.

Beslenme bilgisi:Kalori 304 Karbonhidratlar: 18g Yağlar: 7g Proteinler: 41g

Ratatouille Porsiyon: 8

Pişirme süresi: 25 dakika

İçindekiler:

1 kabak, orta boy ve doğranmış

3 kaşık. Sızma zeytinyağı

2 biber, doğranmış

1 sarı kabak, orta boy ve doğranmış

1 soğan, büyük ve doğranmış

28 ons Soyulmuş bütün domatesler

1 patlıcan, orta boy ve kabuğuyla birlikte doğranmış, gerekirse tuz ve karabiber

4 dal kekik, taze

5 doğranmış sarımsak

Talimatlar:

1. Başlamak için büyük bir tavayı orta-yüksek ateşte ısıtın.

2. Isındığında yağ, soğan ve sarımsağı kaşıkla ekleyin.

3. Soğan karışımını 3 ila 5 dakika veya yumuşayana kadar soteleyin.

4. Ardından patlıcan, biber, kekik ve tuzu tavaya alıp karıştırın. İyice karıştırın.

5. Şimdi 5 dakika daha veya patlıcan yumuşayana kadar pişirin.

6. Ardından kabağı, biberi ve kabağı tavaya ekleyin ve 5 dakika daha pişirmeye devam edin. Daha sonra domatesleri de ekleyip iyice karıştırın.

7. Her şey eklendiğinde, her şey birleşene kadar iyice karıştırın. 15 dakika pişmesine izin verin.

8. Sonunda baharat olup olmadığını kontrol edin ve gerekirse daha fazla tuz ve karabiber ekleyin.

9. Maydanoz ve karabiberle süsleyin.

Beslenme bilgisi:Kalori: 103 Kcal Proteinler: 2 gr Karbonhidratlar: 12 gr Yağlar: 5 gr

Köfte tavuk çorbası Porsiyon: 4

Pişirme süresi: 30 dakika

İçindekiler:

2 kilo tavuk göğsü, derisiz, kemiksiz ve kıyılmış 2 yemek kaşığı kıyılmış kişniş

2 yumurta, çırpılmış

1 diş sarımsak, kıyılmış

¼ bardak doğranmış yeşil soğan

1 sarı soğan doğranmış

1 havuç, dilimlenmiş

1 yemek kaşığı zeytinyağı

5 su bardağı tavuk suyu

1 yemek kaşığı kıyılmış maydanoz

Bir tutam tuz ve karabiber

Talimatlar:

1. Bir kapta eti yumurta ve yağ, sarı soğan, et suyu ve maydanoz dışındaki diğer malzemelerle karıştırın, karıştırın ve bu karışımdan orta boy köfteler yapın.

2. Bir tencereyi orta ateşte yağ ile ısıtın, sarı soğan ve köfteleri ekleyin ve 5 dakika kızartın.

3. Kalan malzemeleri ekleyin, karıştırın, kaynatın ve 25 dakika daha orta ateşte pişirin.

4. Çorbayı kaselere dökün ve servis yapın.

Beslenme bilgisi:kalori 200, yağ 2, lif 2, karbonhidratlar 14, protein 12

Narenciye soslu lahana ve portakal salatası

porsiyonlar: 8

Pişirme süresi: 0 dakika

İçindekiler:

1 çay kaşığı portakal kabuğu, rendelenmiş

2 yemek kaşığı sodyum içeriği azaltılmış sebze suyu 1 çay kaşığı elma sirkesi

4 su bardağı kırmızı lahana, doğranmış

1 çay kaşığı limon suyu

1 rezene ampulü, ince dilimlenmiş

1 çay kaşığı balzamik sirke

1 çay kaşığı ahududu sirkesi

2 yemek kaşığı taze portakal suyu

2 portakal, soyulmuş, parçalar halinde kesilmiş

1 kaşık bal

1/4 çay kaşığı tuz

Taze kara biber

4 çay kaşığı zeytinyağı

Talimatlar:

1. Limon suyu, portakal kabuğu rendesi, elma şarabı, tuz ve karabiber, et suyu, yağ, bal, portakal suyu, balzamik sirke ve ahududuları bir kaba alıp çırpın.

2. Portakalları, rezeneleri ve lahanayı çıkarın. Ceketin üzerine atın.

Beslenme bilgisi:Kalori 70 Karbonhidratlar: 14g Yağlar: 0g Proteinler: 1g

Tempeh ve kök sebzelerden pişirme Porsiyon: 4

Pişirme süresi: 30 dakika

İçindekiler:

1 yemek kaşığı sızma zeytinyağı

1 büyük tatlı patates, küpler halinde kesilmiş

2 havuç, ince dilimlenmiş

1 rezene soğanı, ayıklanmış ve ¼ inçlik zarlar halinde kesilmiş 2 çay kaşığı kıyılmış taze zencefil

1 diş sarımsak, kıyılmış

12 ons tempeh, ½ inçlik küpler halinde kesin

½ su bardağı sebze suyu

1 yemek kaşığı glütensiz tamari veya soya sosu 2 taze soğan, ince dilimlenmiş

Talimatlar:

1. Fırını 400°F'ye ısıtın. Fırın tepsisini yağla yağlayın.

2. Tatlı patatesi, havucu, rezeneyi, zencefili ve sarımsağı tek kat halinde fırın tepsisine dizin.

3. Sebzeler yumuşayana kadar yaklaşık 15 dakika pişirin.

4. Tempeh, et suyu ve tamari ekleyin.

5. Tempeh ısınana ve hafifçe kızarana kadar 10 ila 15 dakika tekrar pişirin.

6. Taze soğanları ekleyin, iyice karıştırın ve servis yapın.

Beslenme bilgisi:Kalori 276 Toplam Yağ: 13 gr Toplam Karbonhidrat: 26 gr Şeker: 5 gr Lif: 4 gr Protein: 19 gr Sodyum: 397 mg

Yeşil çorba porsiyonları: 2

Pişirme süresi: 5 dakika

İçindekiler:

1 bardak su

1 su bardağı ıspanak, taze ve paketlenmiş

½ limon, soyulmuş

1 kabak, küçük ve doğranmış

2 kaşık. Maydanoz, taze ve doğranmış

1 kereviz sapı, doğranmış

Gerekirse deniz tuzu ve karabiber

½/1 avokado, olgun

¼ fincan fesleğen

2 kaşık. Chia tohumları

1 diş sarımsak, kıyılmış

Talimatlar:

1. Bu kolay blender çorbasını yapmak için, tüm malzemeleri yüksek hızlı bir karıştırıcıya koyun ve 3 dakika veya pürüzsüz olana kadar karıştırın.

2. Daha sonra soğuk servis edebilir veya kısık ateşte birkaç dakika ısıtabilirsiniz.

Beslenme bilgisi:Kalori: 250 Kcal Proteinler: 6,9 gr Karbonhidratlar: 18,4 gr Yağlar: 18,1 gr

Biberli pizza ekmeği için malzemeler:

1 porsiyon (1 pound) sertleştirilmiş ekmek karışımı, çözülmüş 2 büyük yumurta, izole edilmiş

1 yemek kaşığı rendelenmiş parmesan çedar

1 yemek kaşığı zeytinyağı

1 çay kaşığı kıyılmış çıtır maydanoz

1 çay kaşığı kurutulmuş kekik

1/2 çay kaşığı sarımsak tozu

1/4 çay kaşığı biber

8 ons dilimlenmiş pepperoni

2 su bardağı kısmen kıyılmış mozzarella çedar 1 kutu (4 ons) mantar sapları ve parçaları, temizlenmiş 1/4 ila 1/2 su bardağı kurutulmuş dolmalık biber halkaları

1 orta boy yeşil biber, doğranmış

1 kutu (2-1/4 ons) dilimlenmiş konserve zeytin

1 kutu (15 ons) pizza sosu

Talimatlar:

1. Ocağı 350°'ye ısıtın. Yağlanmış bir fırın tepsisinde, hamuru 15x10 inçlik bir şekle getirin. kare şekli. Küçük bir kapta yumurta sarısı, Parmesan kaşarı, yağ, maydanoz, kekik, sarımsak tozu ve karabiberi karıştırın. Karışımın üzerine fırçalayın.

2. Pepperoni, mozzarella cheddar peyniri, mantar, halka dolmalık biber, yeşil biber ve zeytin serpin. Uzun kenardan başlayarak yukarı hareket ettirin, stick shift stili; Mühürlemek için dikişi sıkıştırın ve altındaki uçları katlayın.

3. Parçayı katlanır tarafı aşağı gelecek şekilde yerleştirin; yumurta akı ile fırçalayın.

Yükselmesine izin vermemeye çalışın. Parlak koyu bir renk alana ve karışım pişene kadar 35-40 dakika pişirin. Pizza sosunu ısıtın; kesilmiş bir bölümle sunulur.

4. Dondurma seçimi: Pizzanın soğutulmuş kesilmemiş kısmını sağlam bir folyoda dondurun. Kullanmak için, tekrar ısıtmadan 30 dakika önce buzdolabından çıkarın. Raftan çıkarın ve önceden ısıtılmış piliçte yağlanmış fırın tepsisindeki kısmı 325°'de tamamen ısınana kadar ısıtın. Kabul edildiği gibi doldurun.

Pancar Gazpacho Porsiyon: 4

Pişirme süresi: 10 dakika

İçindekiler:

1x20 ons Great Northern Fasulye Konservesi, durulanmış ve süzülmüş ¼ çay kaşığı. koşer tuzu

1 çorba kaşığı. Sızma zeytinyağı

½ çay kaşığı Sarımsak, taze ve kıyılmış

1x6 ons El çantası pembe somon kuşbaşı

2 kaşık. Limon suyu, taze sıkılmış

4 yeşil soğan, ince dilimler halinde kesilmiş

½ çay kaşığı öğütülmüş karabiber

½ çay kaşığı Rendelenmiş limon kabuğu rendesi

¼ bardak düz yapraklı maydanoz, taze ve doğranmış

Talimatlar:

1. İlk olarak orta boy bir kaba limon kabuğu rendesi, zeytinyağı, limon suyu, karabiber ve sarımsağı koyup tel çırpıcı ile karıştırın.

2. Fasulye, soğan, somon ve maydanozu başka bir orta boy kasede birleştirin ve iyice karıştırın.

3. Ardından limon suyunu fasulye karışımının üzerine kaşıkla gezdirin.

Pansuman fasulye karışımını kaplayana kadar iyice karıştırın.

4. Servis yapın ve tadını çıkarın.

<u>Beslenme bilgisi:</u>Kalori 131 Kcal Proteinler: 1,9 g Karbonhidratlar: 14,8 g Yağlar: 8,5 g

Kavrulmuş Balkabagi Rigatoni Malzemeler:

1 adet iri boy kabak

3 diş sarımsak

2 kaşık. zeytin yağı

1 lb rigatoni

1/2 c. bol krema

3 c. yıkılmış çeşme

2 kaşık. dilimlenmiş çıtır adaçayı

1 çorba kaşığı. tuz

1 çay kaşığı doğal öğütülmüş biber

1 ç. Panko ekmek kırıntıları

Talimatlar:

1. Broyleri 425 derece F'ye önceden ısıtın. Bu arada kabak, sarımsak ve zeytinyağını kaplamak için büyük bir kaseye koyun. Geniş, kenarlı bir fırın tepsisine yerleştirin ve yaklaşık 60 dakika yumuşayana kadar tavada pişirin.

Tavayı bir tel rafa aktarın ve yaklaşık 10 dakika hafifçe soğumaya bırakın.

dakika. Soba sıcaklığını 350 derece F'ye düşürün.

2. Bu arada, büyük bir tencerede tuzlu suyu kaynama noktasına kadar ısıtın ve rigatonesleri istediğiniz büyüklükte pişirin. Süzün ve güvenli bir yere koyun.

3. Balkabagini bir blender veya mutfak robotu kullanarak pürüzsüz olana kadar püre haline getirin.

4. Büyük bir kapta rigatonisiz kabak püresini, 2 su bardağı fontina, dolmalık biber, tuz ve karabiberi ekleyin. 9x13 inçlik bir fırın tepsisinin tabanını ve yanlarını zeytinyağı ile fırçalayın. Rigatoni ve kabak karışımını bir kaseye aktarın.

5. Kalan fontina ve pankoyu küçük bir kapta sıkın. Makarnanın üzerine serpin ve koyulaşana kadar 20 ila 25 dakika ısıtın.

Tofu ve karidesli Capellini çorbası Porsiyon: 8

Pişirme süresi: 20 dakika

İçindekiler:

4 su bardağı Çin lahanası, dilimlenmiş

1/4 kiloluk karides, soyulmuş, kabuğu çıkarılmış

1 blok sert tofu, kareler halinde kesilmiş

1 kutu su kestanesi, dilimlenmiş, süzülmüş

1 demet taze soğan, dilimlenmiş

2 su bardağı azaltılmış sodyumlu tavuk suyu

2 çay kaşığı sodyumu azaltılmış soya sosu

2 su bardağı kapelin

2 çay kaşığı susam yağı

taze çekilmiş beyaz biber

1 çay kaşığı pirinç şarabı sirkesi

Talimatlar:

1. Çorbayı orta ateşte bir tencereye dökün. Kaynamaya bırakın. Karides, Çin lahanası, yağ ve sosu ekleyin. Kaynamaya bırakın ve ısıyı azaltın. 5 dakika kaynatın.

2. Su kestanesi, biber, sirke, tofu, capellin ve yeşil soğanı ekleyin. 5 dakika veya kapellini yumuşayana kadar pişirin.

Sıcakken servis yapın.

Beslenme bilgisi:Kalori 205 Karbonhidratlar: 20g Yağlar: 9g Proteinler: 9g

Mantarlı ve salatalıklı domuz eti Porsiyonlar: 4

Pişirme süresi: 25 dakika

İçindekiler:

2 yemek kaşığı zeytinyağı

½ çay kaşığı kekik, kurutulmuş

4 domuz pirzolası

2 diş sarımsak, kıyılmış

1 misket limonunun suyu

¼ fincan kişniş, doğranmış

Bir tutam deniz tuzu ve karabiber

1 su bardağı beyaz mantar, ikiye bölünmüş

2 yemek kaşığı balzamik sirke

Talimatlar:

1. Bir tavayı orta ateşte yağ ile ısıtın, domuz pirzolalarını ekleyin ve her iki tarafını 2 dakika kızartın.

2. Diğer malzemeleri ekleyin, karıştırın, orta ateşte 20 dakika pişirin, tabaklara paylaştırın ve servis edin.

Beslenme bilgisi:kalori 220, yağ 6, lif 8, karbonhidratlar 14.2, protein 20

Tavuk çubuklarının porsiyonları: 4

İçindekiler:

¼ c. doğranmış soğan

1 paket haşlanmış erişte

Taze kara biber

2 kutu kremalı mantar çorbası

1 ¼ c. dilimlenmiş kereviz

1 ç. Hint cevizi

2 c. küp şeklinde doğranmış haşlanmış tavuk

½ c. su

Talimatlar:

1. Fırını 375°F'ye ısıtın.

2. Her iki kutu kremalı mantar çorbasını ve suyu fırına dayanıklı bir tencereye dökün. Birleştirilene kadar karıştırın.

3. Haşlanmış küp doğranmış tavuk etini, soğanı, kerevizi, biberi, kaju fıstığını çorbaya ekleyin. Birleştirilene kadar karıştırın. Eriştelerin yarısını karışıma ekleyin, kaplanana kadar fırlatın.

4. Tavayı eriştelerin geri kalanıyla doldurun.

5. Tencereyi fırına yerleştirin. 25 dakika pişirin.

6. Hemen servis yapın.

<u>Beslenme bilgisi:</u>Kalori: 201, Yağ: 17 gr, Karbonhidrat: 15 gr, Protein: 13 gr, Şeker: 7 gr, Sodyum: 10 mg

Balzamik kavrulmuş tavuk Porsiyon: 4

İçindekiler:

1 çorba kaşığı. öğütülmüş taze biberiye

1 diş kıyılmış sarımsak

Karabiber

1 çorba kaşığı. zeytin yağı

1 çay kaşığı esmer şeker

6 dal biberiye

1 bütün tavuk

½ c. balzamik sirke

Talimatlar:

1. Sarımsak, toz biberiye, karabiber ve zeytinyağını karıştırın.

Tavuğu bitkisel zeytinyağı karışımıyla ovun.

2. Tavuk boşluğuna 3 dal biberiye koyun.

3. Tavuğu bir fırın tepsisine koyun ve 400F'de yaklaşık 1 saat pişirin. 30 dakika.

4. Tavuk altın rengi alıp suyunu salınca servis tabağına alın.

5. Balzamik sirkedeki şekeri ateşin üzerinde bir tencerede eritin.

pişirmeyin.

6. Tavuğu kesin ve sirke karışımı ile kaplayın.

Beslenme bilgisi:Kalori: 587, Yağ: 37,8 gr, Karbonhidrat: 2,5 gr, Protein: 54,1 g, şekerler: 0 g, sodyum: 600 mg

Biftek ve mantar porsiyonları: 4

Pişirme süresi: 15 dakika

İçindekiler:

2 yemek kaşığı zeytinyağı

8 oz. mantar, dilimlenmiş

½ çay kaşığı sarımsak tozu

1 pound biftek, doğranmış

1 çay kaşığı (5 ml) Worcestershire sosu

zevkinize biber

Talimatlar:

1. Fritözünüzü önceden 400 derece F'ye ısıtın.

2. Tüm malzemeleri bir kapta karıştırın.

3. Patatesleri sepete aktarın.

4. Sepeti iki kez sallayarak 15 dakika pişirin.

Sığır eti Porsiyonları için ipuçları: 4

Pişirme süresi: 12 dakika

İçindekiler:

2 çay kaşığı soğan tozu

1 çay kaşığı sarımsak tozu

2 çay kaşığı kıyılmış biberiye

1 çay kaşığı kırmızı biber

2 yemek kaşığı düşük sodyumlu hindistancevizi amino asitleri

zevkinize biber

1 pound biftek, şeritler halinde kesilmiş

Talimatlar:

1. Tüm baharatları ve çeşnileri bir kapta karıştırın.

2. Biftek şeritlerini karıştırın.

3. 10 dakika marine edin.

4. Hava fritözünü sepete ekleyin.

5. Pişirmenin yarısında bir veya iki kez çalkalayarak 380 derece F'de 12 dakika pişirin.

www.ingramcontent.com/pod-product-compliance
Lightning Source LLC
Chambersburg PA
CBHW070406120526
44590CB00014B/1284